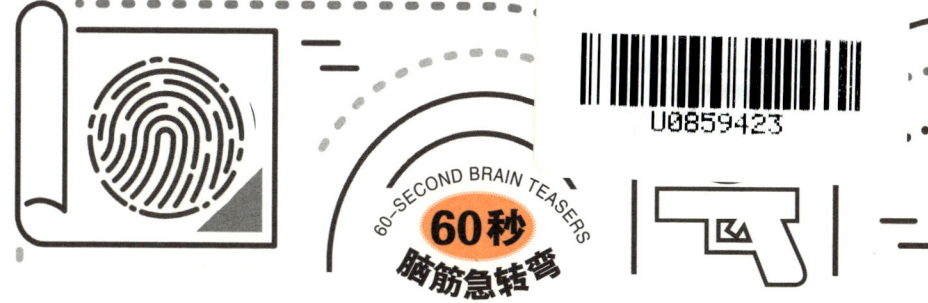

Crime Puzzles

Short Forensic Mysteries to Challenge Your Inner Amateur Detective

60-SECOND BRAIN TEASERS
60秒脑筋急转弯

案件调查局

训练逻辑的推理挑战

[美] M. 戴安娜·福格特（M. Diane Vogt）著

陆晴 胡汉 等译

上海科技教育出版社

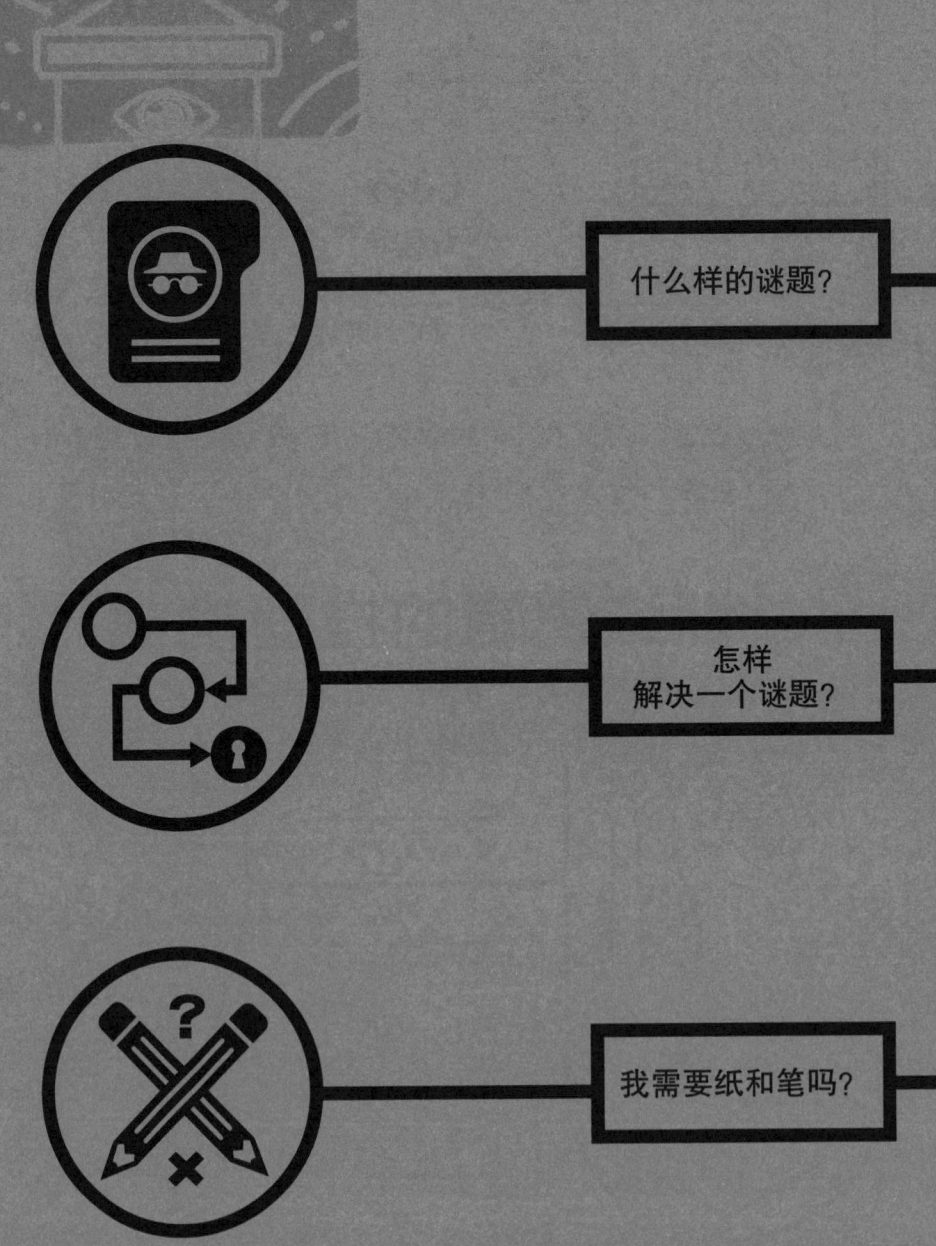

图书在版编目（CIP）数据

案件调查局：训练逻辑的推理挑战/（美）M. 戴安娜·福格特著；陆晴等译. —上海：上海科技教育出版社，2024.8
（60 秒脑筋急转弯）

书名原文：Crime Puzzles: Short Forensic Mysteries to Challenge Your Inner Amateur Detective

ISBN 978-7-5428-8099-4

Ⅰ.①案… Ⅱ.①M… ②陆… Ⅲ.①智力游戏 Ⅳ.①G898.2

中国国家版本馆CIP数据核字（2024）第006305号

责任编辑　李　凌
装帧设计　杨　静

60 秒脑筋急转弯
案件调查局：训练逻辑的推理挑战
[美]M. 戴安娜·福格特　著
陆　晴　胡　汉　汤凯涵　林　辰　刘思墨　袁浩洋　译

出版发行		上海科技教育出版社有限公司
		（上海市闵行区号景路159弄A座8楼　邮政编码201101）
网	址	www.sste.com　www.ewen.co
经	销	各地新华书店
印	刷	上海中华商务联合印刷有限公司
开	本	890×1240　1/32
印	张	4
版	次	2024年8月第1版
印	次	2024年8月第1次印刷
书	号	ISBN 978-7-5428-8099-4/G·4811
图	字	09-2021-0943号
定	价	38.00元

解 谜 指 南

每个谜题都是一个短小精悍的故事，你需要扮演的角色是侦探。在阅读完每个关于贪婪、复仇或堕落的犯罪事件之后，你都将面临一个与这个案件相关的难题。如何运用演绎推理和故事中的线索与细节去破解谜题，这取决于你。这些谜题在难度上各不相同，并且彼此完全独立。你可以按任何顺序破解这些谜题：一次完成一个，或者一次全部完成（如果你发现自己上瘾了！）。

首先，阅读故事。当你阅读时，仔细寻找能帮你解决问题的线索。有时线索隐藏在人物对案件的描述中；有时线索表现为可疑行为；有时线索出现在对物证的描述中。你需要留心谎言，因为这通常意味着某人在隐瞒他的罪行。当你卡壳的时候，试着想象罪案发生时的场景，并对照物证和第一手资料进行核对。并不是所有的谜题都要求你找出罪犯：有些谜题要求你找出作案动机，有些谜题要求你确定死因，还有些谜题要求你解释调查人员是如何抓住罪犯的。

不。你需要的工具是敏锐的逻辑意识、聪明的头脑和对细节的洞察。虽然了解一些法医学知识会有所帮助，但大多数问题仅通过逻辑推定就可解决。即便缺乏法医学知识的人也会在推理过程中发现许多有教育意义的内容，可以边读边学！

目录

01 证据不足	08	16 遗嘱难题	34
02 好邻居	10	17 遍体鳞伤	36
03 双重特征	11	18 便利店窃案	38
04 精神食粮	12	19 双胞胎案件	39
05 洒扫庭院	14	20 看客的智慧	41
06 错误印象	16	21 精心挑选	42
07 烟雾信号	17	22 呼吸课	44
08 悬于一线	19	23 贤内助	46
09 校园大案	21	24 硬心肠的女人	47
10 法定继承人	23	25 孤立事件	49
11 家族成员	25	26 家丑	50
12 舒适的冰窟	27	27 布巴的鲜鱼	52
13 重量级证据	29	28 惊愕失声	53
14 醉酒之谜	30	29 麻烦的家伙	54
15 尖锐的现实	32	30 神秘的失踪	56

31 假遗嘱	58
32 疑点	60
33 棘手的情况	62
34 致命全垒打	64
35 翁婿之间	66
36 抢劫疑云	69
37 消失的女孩	70
38 白昼的余晖	72
39 随时间磨损的鞋	74
40 电影也疯狂	77
41 酒后驾驶	78
42 爱很奇怪	79
43 午后爱情	80
44 伤口边缘	82
45 蒂凡妮偷盗案	84
46 伊甸园里的烦恼	86
47 通往天堂的公路	87
48 偷来的一瞥	89
49 时间的考验	91
50 晶莹剔透	93
51 只此一个	95
52 不是我的孩子	97
53 木匠	98
54 为她而坠	99
55 挖出过去	101
56 沃尔多去哪了	103

答案................105

作者介绍...............125

谜　　　题

01

案情名称:
证据不足

☐ 已结案   ☐ 未结案

答案:见106页

　　特蕾莎和凯瑟琳是法学专业的两名学生,她们被指派调查一桩陈年旧案,调查过程中两人的表现将决定她们能否顺利毕业。这桩案子的被告名叫马丁·夏因,曾两次被定罪。15年前,在第一次审判中,他被判处死刑。对此,他申请上诉,一年后被改判为终身监禁。

　　到今天为止,夏因始终坚称自己无罪。特蕾莎和凯瑟琳知道,如果她们能够证明夏因无罪,或者至少为他争取到一次重新审判的机会,那她们不仅能为向往已久的司法体系作出一份贡献,还拯救了一个人。同时,她们也能在这项课题上取得优异的成绩,或许这足以让她们获得梦寐以求的在某家知名公司工作的机会。

在为这桩案件连续工作几天后的一个深夜,特蕾莎说道:"算了吧,凯瑟琳。你知道的,这家伙不可能被放出来了。"

"但他是无辜的呀。"

"是的,当然了,所有的罪犯都会这么说。"特蕾莎哼了一声。

"但这可能是真的,"凯瑟琳回答道,"无论如何,我们都得把诉状写完。为此,我们应该搞明白所有可能的情况。我们需要新的证据。"

凯瑟琳又一次翻阅案发现场的照片。她把照片举到眼前,近距离仔细观察凶器(一把刀)、尸体的位置和周围沾染了血迹的家具。"我们到底错过了什么呢?"

特蕾莎抬起手揉了揉酸痛的脖子。她们已经仔细地研究过旧卷宗,阅读了案情摘要和笔录,也检查了相关的证据。如果现在睡着的话,她甚至能在梦里把这些东西背出来。"好吧。"特蕾莎回答道。她的声音中充满了疲惫,可以看出,她现在只想尽快结束这项任务。"夏因两次都是由于咬痕证据被定罪。在这两次审判中,陪审团将夏因的牙印与死者腿上的咬痕进行了对比,发现牙印和咬痕是匹配的。"

"你知道,这个证据是饱受争议的!更何况,死者当时穿着裤子,由此可见,这个咬痕是隔着裤子咬出来的。"凯瑟琳争辩道。

"可是陪审团最终还是认为咬痕与夏因的牙印相匹配。"

"那是他们受到了间接证据的影响。他住在附近,那天晚上他去过凶案发生的酒吧,甚至一整晚都待在那。"

凯瑟琳对这个任务太投入了,在她找到新证据前,她是不会罢休的。忽然,她灵光乍现:"那条裤子!"

遇难者的裤子对于证明夏因是否有罪有什么作用呢?

02

案情名称：
好邻居

☐ 已结案　　☐ 未结案

答案：见106页

埃德娜·梅·威特科普一辈子都住在气候寒冷的地方。她在那里住了70多年，这要多亏她有个好邻居。今天早晨，当她的邻居哈利·蒂蒙斯在给她家的私人车道铲除积雪时，她给蒂蒙斯烤了一个馅饼。在埃德娜把馅饼给蒂蒙斯送去的时候，这块馅饼还腾腾地冒着热气。

埃德娜把脚伸进一双厚厚的靴子中，又匆匆穿上一件羽绒服，并用羽绒服上的帽子盖住脑袋。她扶了扶鼻子上的旧眼镜，把手伸进手套，拿起馅饼，摇摇晃晃地走出家门。埃德娜小心翼翼地沿着刚刚清扫干净的车道，穿过了街道。

她气喘吁吁地按响了蒂蒙斯家的门铃，"我总不能把馅饼放门外吧。"她大声喊道。埃德娜用戴着笨重手套的手艰难地扭动门把手，好不容易把门打开了。"嘿！哈利！你在里面吗？"她喘着粗气，大喊道。她走进房屋，忽然停住了脚步。

一个男人正跪在哈利身边，他抬起头，盯着埃德娜看了一会，突然冲出了房门。

当救护车和警察到达现场后，埃德娜如实叙述了她所知道的一切。

"哈利·蒂蒙斯遭遇了袭击。"她用颤抖的声音说道。

当警察进一步询问时，埃德娜不能清楚地描述出袭击哈利的人的相貌，这是为什么呢？

03

案情名称：双重特征

☐ 已结案　☐ 未结案

答案：见106页

同卵双胞胎杰夫和詹姆斯是职业魔术师。他们与同样为双胞胎姐妹的妻子苏珊和莎拉一起给人们带来欢声笑语。4个人穿着相同的衣服，观众根本不能分辨出他们，表演取得了巨大的成功。

在他们表演的时候，两位魔术师之间爆发了一场争吵。一位愤怒的魔术师抓起几把又长又重的刀，开始杂耍。忽然他失手了，刀掉了下来，其中一把击中莎拉，扎到她的身上，顿时，鲜血溅到了魔术师的衣服上。

苏珊被激怒了，她抓起一把小刀挥舞。另一位魔术师想赶紧夺下小刀，抢夺中小刀扎进了她的手臂，鲜血从苏珊的手臂上喷涌而出，沾上了魔术师的衣服。这时，大幕迅速落下，遮住了舞台。

剧院经理慢悠悠地走了出来，将手机贴在耳边，向警方报告这场意外。"任何人都不许触碰这里的任何东西，"他对后台来来往往的人喊道，"我们需要保护现场和证据。"

看着警察把戴着手铐的兄弟二人带走，调查员在现场采集血样和其他证据，剧院经理忧心忡忡地告诉国际同卵双胞胎协会主席："他们会分析DNA并破解此案，这两个家伙很快就要进监狱了。"

但是负责犯罪现场调查的人却说："解决这个谜案的唯一办法是让这两个家伙自己招供。"

这是为什么呢？

04

案情名称:
精神食粮

☐ 已结案　　☐ 未结案

答案：见107页

"不管你在电视上看到了什么，伊芙琳，侦破一起案子都是一件容易的事情。你想要工作吗？试试站在雨里指挥交通整整八个小时。"杰克一边说着，一边顺手把一袋饼干扔到了购物篮里。仓库管理员从他身边走过，挥手致意了一下，然后走进后面的监控室里。因为长时间站在坚硬的人行道上，杰克的脚很疼，被汗水湿透了的工作服紧贴在背上。天色已晚，他感到十分疲惫，只想买一点生活用品，然后回家。

"喂，你没必要这么暴躁吧，"伊芙琳答道，"我只是想告诉你刑侦组的警察挣的钱比你多，我们可以多挣点钱花，仅此而已。"

杰克绕过货架，朝下一条过道走过去。他喜欢在深夜，超市里没有其他顾客的时候购物。

"是的，你说得对，无论如何，"他说，"那些研究案子的家伙所需要做的就是，检查一下受害者已知的社会关系，找出他们前几天去了哪里，然后就把案子破了。随便哪个傻子都能干。我就是想说，这行里没有天才。"

杰克对妻子失去了耐心，她已经和一个交通警察结婚5年了。从现在起，她需要明白这一切。

伊芙琳知道无法和丈夫达成共识，"就当我什么都没说。你先结账，我去一下洗手间，希望我们的信用卡还能付得起钱。"

就在杰克结账的时候，一个穿着T恤衫和牛仔裤，头戴面罩，十分紧张的男人走进了安静的超市。男人开了一枪威吓收银员把钱交出来。拿到钱后，男人跳进了一辆等在门外的车上，和司机一起逃跑了。由于那名持枪歹徒戴了手套，警察在现场没有找到任何指纹。尽管超市里有监控，但很不幸，监控没有拍到犯罪过程，只知道歹徒的武器是一把普通的.38口径手枪。

伊芙琳受到了惊吓。当警察向她问询时，她说："杰克告诉我，你们的工作很简单。你们今天就能抓到这个家伙，对吗？"

<u>如何抓到歹徒呢?</u>

05

案情名称：

洒扫庭院

☐ 已结案   ☐ 未结案

答案：见107页

  特蕾莎从钱包里掏出钥匙，打开了前门，而伊梅尔达从车后备箱中拿出了清洁用品。

  "费尔南德斯夫人说，查德今天会在我们工作的时候过来打扫游泳池。"特蕾莎说。

  "我不喜欢他，"伊梅尔达回答道，"他让我感到害怕。"

  特蕾莎耸了耸肩，"他虽然服过刑，但是已经受到了教育。"她径直从前门走向厨房，把碗碟放进洗碗机。

  伊梅尔达一边朝卧室走去，一边说："可我依然感到害怕。"

  "要我说，费尔南德斯夫人才是你真正应该害怕的那个人，"特蕾莎

说道,"费尔南德斯先生曾和我提起过她做的那些可怕的事。"

伊梅尔达从拐角处探出脑袋,丢给特蕾莎一个意味深长的警告眼神。伊梅尔达担心,如果费尔南德斯夫人知道了费尔南德斯先生和特蕾莎的谈话,她们就要失去工作了。不过,特蕾莎并没有把伊梅尔达的眼神放在心上。

两个女人有条不紊地工作着,把房子上上下下全都打扫了一遍。4个小时过后,屋内变得一尘不染,查德却还没有来。伊梅尔达不耐烦起来:"我们不能在这儿等上一整天,还有两户房子要打扫,之后我还要去接女儿放学。"

特蕾莎用手指揉着额头,偏头痛的发作让她皱起了眉头:"你先去吧,等他来了我去找你。"

"你确定吗?我可不想把你一个人留在这里等他。"

特蕾莎点了点头,挥手让伊梅尔达出门:"没事,你就在街那头。"

特蕾莎一直都没赶到第二户人家,伊梅尔达只好一个人干完了所有的活。等她到第三户人家,伊梅尔达开始有些担心了。她在下午3点15分给特蕾莎打了电话,电话铃响了几声之后跳转到了语音信箱。她留言说:"特蕾莎,你在哪里?我要去打扫史密斯家的房子,然后去接女儿,明天见。"

下午6点,费尔南德斯夫人回到家中,走进后院时,发现特蕾莎昏迷在游泳池旁。她又惊又怕地用手捂住了嘴:"哦,查德!你干了什么?"

警察赶到了现场并将特蕾莎送进了医院,他们还在现场找到了一串钥匙、被水泡坏的手机以及一个空的零钱包。

警察找到了查德。在审讯的时候,查德告诉警察,他下午3点到达费尔南德斯家,发现特蕾莎倒在游泳池旁。他害怕被牵连,就逃跑了。

<u>查德是无辜的吗</u>?

06 案情名称：错误印象

☐ 已结案 ☐ 未结案

答案：见107页

从头到脚都穿着羊绒、丝绸和意大利皮革材质衣服的马克在这座城市最高档的私人俱乐部门前下了他的豪华轿车。两个漂亮的女子紧随其后也下了车。俱乐部的门童是新来的。

"你叫什么？"马克问道，把手伸到口袋里。

"弗兰克·琼斯。"门童一边回答，一边打开了沉重的桃花心木门。

马克从钱夹里拿出了一张崭新的钞票，像夹香烟一样用两根手指夹着："我叫马克·哈德森。给你50美元，记住我的名字。"

"谢谢您，哈德森先生。"弗兰克答道，笑着瞥了一眼钞票上"诚实的艾贝"*，把钱拿在了手里。

马克撇嘴笑了笑，露出洁白的牙齿，走进了俱乐部，同伴紧随其后。

马克的司机站在几英尺**外，看起来很无聊。门关上之后，哈德森先生安全地进了屋，再也听不见了。这时，马克的司机说道："别这么崇拜他，这家伙并不像他看起来那么酷。"

"我不在乎他有多么酷，只要他有钱就行！"弗兰克把钱装进口袋，整理了一下他的制服。

"他马上又要进监狱了。"司机说道。

"你怎么知道？"门童弗兰克问道。

为什么哈德森先生的司机认为他免不了牢狱之灾？

* 这是对林肯的尊称。——译者
** 1英尺相当于0.3048米。——译者

07 案情名称：烟雾信号

☐ 已结案　　☐ 未结案

答案：见108页

邻居们聚集在外面的大街上，像被明亮的灯泡吸引的飞蛾一样，既恐惧又好奇地看着消防员在房屋的前半边与大火搏斗。这个地区几年前还处在建设中，但是现在，那些小房子像沙丁鱼般挤在一块小到不能容纳一辆大型拖车的土地上，离那大火的距离近得让人心惊肉跳。

比尔用胳膊紧紧搂住丽莎。"我想知道他是不是没事。"丽莎说道。

比尔耸了耸肩："这取决于他当时在房子里的什么地方，既然卧室在后面，也许他没事。"

这栋房子是房主唯一真正拥有的资产，它还被重抵押了。

"我知道他的妻子不在镇上，"丽莎说，"但是大约一个小时前，我看见她去倒垃圾了，怎么会出这样的事呢？"

一个消防员提着一只鸟笼从前门走了出来，笼子里一只金丝雀叽叽喳喳地叫着。消防员把笼子交给比尔："你能在房主的妻子回来之前照顾一下这只鸟吗？"

"当然可以。"比尔答道。他不明白，卧室里有一只这么吵闹的鸟，他的邻居是怎么睡着的，甚至房子着火了还一无所知。这只鸟吵得比尔到半夜都一直醒着。一般的金丝雀只在早晨才会唱歌，但是这只鸟一直叫个不停。

就在这时，消防员从前门出来了，他们的担架上躺着陷入昏迷的邻居老头。

"我们在床上找到他的。"比尔听见一位消防员对急救人员说。

比尔凝视着邻居老头。这个老头并不抽烟,但是他的妻子却经常抽着一根大雪茄,令人生厌。不过她以这个家为豪,不会故意纵火的。

丽莎悄悄对比尔说:"他一定是被浓烟呛晕了,他身上看起来没有烧伤或是其他痕迹。"

"他不是被烟呛晕的,"比尔突然脱口而出,"他晕过去的时候甚至火还没烧起来。"

比尔根据什么得出了这个结论?

08 案情名称:
悬于一线

☐ 已结案　　☐ 未结案

答案：见108页

詹尼弗第一时间将遭到入室盗窃的事告诉了警察。她下班回家，发现一些小型电器和所有的珠宝都被偷走了，她的波斯猫金克丝躲在床底下，它吓坏了。

丹尼斯警官很快就赶到她家进行调查。他发现詹尼弗非常着急。詹尼弗本应该去观看儿子的比赛并接他回家，但她实在是分身乏术。此外，当她送儿子蒂姆下车时，教练告诉她，比赛会晚一点开始，因为对方的投手还没有到。"我从来没有遇到过这种事情，"在丹尼斯警官搜索房屋寻找证据时，她结结巴巴地说道，"谁会这么干呢？"

"我猜是一个不怎么喜欢您的人。我可以四处看看吗？"

詹尼弗摇了摇头表示不介意，拿起电话打给前夫约翰。他的工作是在邮局值夜班，也许可以在上班之前顺路去公园接蒂姆。但没人接电话，真是个"大惊喜"。在她需要约翰的时候，约翰从来不在她的身边。

"发现什么了吗？"她去厨房找丹尼斯警官时问道。

丹尼斯指给她看，后门的窗户被打破了，有几根细线粘在玻璃碎屑上，一定是窃贼试图从里面开门的时候，袖子被勾住了。他还给她看了厨房油毡上的一个不寻常的脚印。

就在这时，她的儿子蒂姆跑进了门，通红的脸上满是自豪："妈妈，爸爸去看了我的比赛！对方球队差点因为一个队员迟到被取消资格，但是那个人最终还是来了。我用一个本垒打让一个家伙出局了。教练说我是我

们队里最棒的捕手。"当他看到警察时，忽然停了下来。

"我不打扰你们了，先把证据带回实验室，看看能有什么发现。"丹尼斯警官说道。

丹尼斯警官将织物样本带回了警局，对它进行了热解。细线被燃烧后，产生的气体表明这些细线的成分是100%聚酯纤维。

这些细线最有可能来自哪里呢?

09

案情名称：
校园大案

☐ 已结案　　☐ 未结案

答案：见109页

维罗妮卡一打开门，一股恶臭就钻进了她的鼻孔。"这味道太恶心了。"她说完才发现屋子里一片狼藉，房子被完全毁了。

维罗妮卡慢慢地从一个房间走到另一个房间，难以置信地看着翻倒的家具、散落的食物、喝了一半的啤酒瓶，还有皱巴巴的装薯片和椒盐饼干的袋子。没吃完的奶酪块、苹果和梨撒在地毯上。沿着瓷砖走过时，爆米花在她的脚下嘎吱作响。维罗妮卡拿起电话打给了校园安保部门。

"发生了什么，教授？"工作人员5分钟之后就赶到了现场，问道。

"我不知道，"维罗妮卡回答道，"看起来像是有一群酒鬼学生在我休春假的这两个星期里在这儿搞了次野营。"

工作人员迅速环视四周："没准我们能在这些瓶瓶罐罐上找到一些指纹。但是，如果这些孩子之前没有被拘留过，他们的指纹很可能不会被记录在系统中，所以这其实对我们也没有多大的帮助。"

"那DNA呢，你们不能检查一下DNA，不能比对DNA吗？"维罗妮卡问道。

工作人员无可奈何"啧"了一声，摇了摇头："现在谁都知道测DNA了。DNA检测在没有嫌疑人的时候是没用的。即使真的检测也要好几个月，而且需要花一大笔钱。恐怕我们在这里没有这么多资源可以使用。"

过了一会儿，维罗妮卡的邻居杰夫从街对面走过来。维罗妮卡在门廊前面哭泣："谁能做出这样的事呢，杰夫？一想到我的学生那么恨我，我

就很伤心。"

杰夫走进屋子,想亲自看看。他出来的时候,手里拿了一袋吃了一半的奶酪和苹果片。

"我们马上就能查出来是谁干的了。"他告诉维罗妮卡。

<u>是什么让杰夫如此确定?</u>

| **10** | 案情名称：
法定继承人 | ☐ 已结案　　☐ 未结案
答案：见109页 |

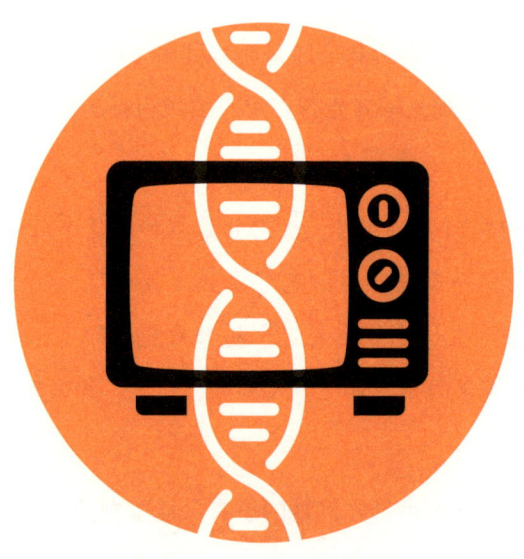

奥利维亚·沙利文在整理祖母为数不多的遗物时，发现了那封奇怪的信件。她的祖母去年去世了，享年101岁。祖母晚年最喜欢的东西之一就是电视机，对于祖母来说，这简直就是一个奇迹，是20世纪仅次于冰激凌的第二大发明。但是在生命最后的时光里，她开始显现出一些衰老的迹象。她看那些电视节目看得非常认真，因为太过认真，有时甚至忘记了那并不是现实生活。奥利维亚最后几次去看望祖母时，她们坐在一起看了一部老电影。这部电影由几十年前被谋害的著名女演员弗吉尼亚·海恩斯主演。

"她长得不像她妈妈，是不是啊？"祖母问道。奥利维亚点了点头，甜甜地笑了笑。但是看到祖母正在一点一点地失去对现实的判断能力，奥

利维亚又感到很难过。好像觉察到了奥利维亚的怀疑，祖母把自己长满褶皱的脸转向奥利维亚，透过又大又厚的眼镜片，盯着奥利维亚说："你不相信我吗？金妮*的妈妈和我的妈妈是亲姐妹。你知道的，我和金妮是表姐妹。"

在那个时候，这句话听起来像是胡言乱语。奥利维亚反复读着手里那张皱皱巴巴的纸——那是一封她曾祖母写给她祖母的信。

亲爱的奥黛特，

祝你和斯坦一切都好。我们非常期待在这个假期能见到你们俩。家里的一切都很好。爸爸在镇上找到了一份新的工作，他似乎很喜欢这份工作。金妮上周来看望我们了，给我们讲述了她在大城市里的种种奇遇。大家都问起你，都很想念你。

爱你的，妈妈

奥利维亚这才想到祖母告诉她的事有可能是真的。真奇怪，她直到现在才知道这件事，实在是让人摸不着头脑。她真的有一位这么有名的亲戚吗？时间一天天过去，奥利维亚对真相越来越好奇。一个朋友告诉她，她可以用母系线粒体DNA找到答案，但这似乎又不太可行，因为弗吉尼亚·海恩斯早已去世，唯一在世的亲人是一个儿子哈维。

有什么方法能让奥利维亚确定她和那位著名女演员之间真正的关系呢？

---

* 金妮为弗吉尼亚的爱称，此处金妮即指文中提到的著名女演员弗吉尼亚·海恩斯。——译者

11

案情名称:
家族成员

☐ 已结案　　☐ 未结案

答案：见109页

年轻的受害者躺在尘土飞扬的车道上，眼睛已经蒙上了一层死亡的阴霾，血液在胸口凝固。这已经是两周以来发生的第三起枪击案了。克拉克警官十分确定，他要对付的是一个连环杀人犯。

乔·雷恩沃特族长把克拉克警官请进了他的办公室。他的家族企业赌场位于人流量较少的中西部地区，是家族的重要"提款机"。族长对这个公司居然能给家族贡献这么多资金感到自豪。去年，家族企业为族人提供了工作、医疗保险，甚至还在一所大学设立教育奖学金。他们向当地的小学捐赠了两辆崭新的校车，并且慷慨地给各种慈善机构捐款。除去这些，分配利润的时候，家族里每位超过18岁的成员都分得大约90 000美元，年幼的成员则分得30 000美元。家族鼓励他们的父母拿着这笔钱为孩子的未来进行投资。但是，如果家族里参与分钱的人越多，每个人分到的钱就越少。

"有人就起了杀心。"族长说。

族长的助手莎莉·伊格尔解释道："当地图书馆的遗传学研究部门一直都人气爆满，很多人想证明与这个家族有血缘关系，这样就可以名正言顺地参与分钱。为此，我们必须一周两次调查这些申请的真实性，但是其中大部分申请都是假的。这三个受害者最近都提交了申请，这是他们的报告。"

警官低头看了一眼这些报告。"有谁能够接触到这些申请材料？"他

问道。

"除了莎莉和我之外,只有遗传学研究部门的工作人员可以翻阅。你不会认为我们这些人里有人会干这种事吧?"族长问道。

"或许有人正尝试用他自己的方式清除这些冒名顶替者。这三名受害者都有蓝色的眼睛,而这个家族的人都有一双棕色的眼睛,所以凶手断定他们是冒牌货。这也是他选择他们作为目标的原因。"

莎莉摇了摇头,说:"最后一位受害者的DNA检测结果显示,他真的是这个家族的一员。"

这到底是怎么一回事呢?

12

案情名称:
舒适的冰窟

☐ 已结案　　☐ 未结案

答案：见110页

路易丝艰难地从车里爬出来，浑身上下都被羊毛质地的衣服紧紧包裹着。尽管天气很冷，她90岁的邻居依然沿着人行道往远离她家的方向走。一顶棒球帽遮住了他稀疏的灰白头发，耳朵冻得通红。这么冷的天气还外出，他一定是疯了。

"嘿，萨姆！"她叫道，但是他还在继续往前走。也许他没有听见吧，路易丝想道。她弯下腰来，把报纸从灌木丛里抽出来——那个送报纸的男孩像往常一样把报纸放在了那里。他是个在当地救助站当志愿者的好孩子，但是送报纸的习惯是真的差劲。屋子里面也很冷，路易丝调高了恒温器，点燃了今天早上放在壁炉里的木柴。

她跪坐在噼啪作响的炉火前，双手伸向火堆取暖。路易斯低头看了一眼，发现绿色的地毯上有一根灰白的毛发。她伸手把它捡起来，扔进了火堆里，继续取暖。

等火烧得旺起来后，路易丝走进厨房，看见水槽里也有一根灰白的毛发。她打开水龙头，把它冲进了下水道，并把染发膏写在了随身携带的购物清单上。

当她和她的乡下老屋都变得暖和起来时，路易丝渐渐忘却了从墙上的裂纹吹进来的呼啸冷风。她感觉自己的大衣太旧了，就挂好了外套，拖着沉重的步子上楼换衣服。她走进卧室，突然停了下来，倒吸了一口凉气。她精心打理的私人空间一片混乱——抽屉被拉开了，里面的东西散落得到

处都是，衣服被扔在地板上。路易丝急忙奔向衣柜，没了衣服的遮掩，露出了墙上的保险柜。曾经装着她传家宝的保险柜里面现在空空的，只剩下了几根白色毛发。

当地的警察把保险柜中的白色毛发放到显微镜下，发现白色毛发表面有刺状的鳞片图案，这种刺状的鳞片图案帮助警察找到了正确的破案方向。

<u>是谁闯进了路易丝的家?</u>

13 案情名称：重量级证据

☐ 已结案　　☐ 未结案

答案：见110页

琼是S&E热水器公司的辩护律师，一个无法改变的事实让她感觉处处受挫：控方律师比她更了解她的当事人的案件。这是一起严重的案件，琼的客户将蒙受数百万美元的损失，除非她能证明他们的产品——一款热水器——不是爱德华兹先生触电事故的罪魁祸首。

两年前，爱德华兹先生触电身亡，医疗人员认为这是意外事故。他们把尸体交给法医，法医检查了他的眼液，发现爱德华兹先生当时喝醉了，赤脚站在湿漉漉的地毯上，将一把金属螺丝刀插进了热水器。对于辩方而言，这是一个好消息。这说明爱德华兹先生是因为自己的疏忽而不是因为热水器质量问题而死亡的。

但是法医把事情搞砸了。他没有严格遵守关于证据保管链的相关规定。由于他无法解释对爱德华兹先生进行血液酒精含量测试的证据保管在何处，所以这条证据被认为很有可能是窜改过的。控方律师成功地抓住这一点将这条证据排除在案件之外。正因为这一点，琼担心她的客户不得不给爱德华兹家开一张有很多个零的和解支票。

"你为什么闷闷不乐？"琼的老板问她。她解释了这一切。

"你是不是忽略了什么东西？"老板问道。"我知道爱德华兹先生是一名器官捐献者，你知道这意味着什么吗？"

琼想了一会儿，最终，她的脸上露出恍然大悟的神情。

琼意识到了什么，让这个案情又重新变得可以辩护了？

14

案情名称：
醉酒之谜

☐ 已结案   ☐ 未结案

答案：见111页

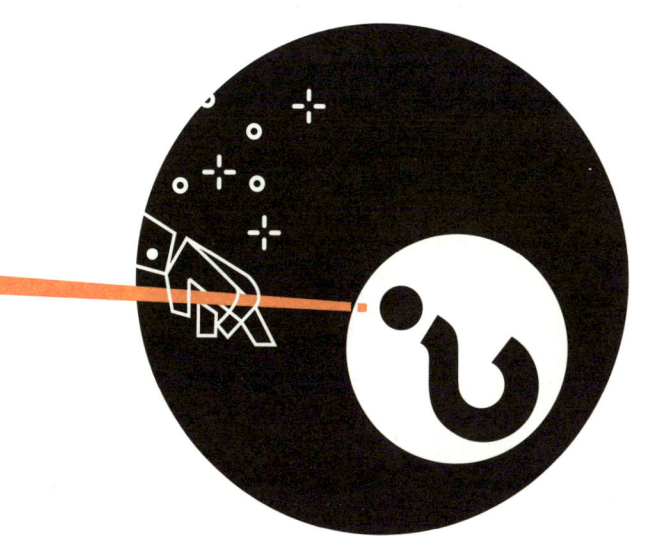

专家的证词很快被驳倒了。肇事司机是当地的一名台球冠军，他在午夜时分驾车离开一家名叫"欢乐时光"的廉价酒吧。在回家的路上，他撞倒了两名行人，导致其中一人重伤一人轻伤。司机因为鲁莽驾驶被判18个月有期徒刑。现在，被撞伤的两人起诉了导致司机酩酊大醉的酒吧。法庭决定暂时休庭，让原告律师艾伯特和专家证人进行磋商。这场法庭对决可能引发的后果极其严重，如果原告能证明酒吧店长及员工在知道司机喝醉的情况下纵容他开车回家，他们很有可能以过失伤害罪被送进监狱。

"好好想想，斯坦顿博士，"艾伯特说，"一定有什么方法能估计出那家伙离开酒吧时的醉酒程度。在事故发生后他在酒精测试仪上吹出了0.22的数值，而且他是直接从酒吧开到了事发现场，用时总共不到10分钟。

血液酒精专家斯坦顿博士平静地听着这番长篇大论，或许他早就听过这些话了，"我想解释一下，艾伯特，我们可以根据司机的身高、体重和酒精测试仪的读数推测他在撞倒行人前摄入的酒精总量"。

律师点头表示同意："没错，但我们需要证明在酒保给他递酒时，他已经肉眼可见地醉了。我们能这样作证吗？"

"恐怕不行。"

"为什么不行？"

"因为我不在现场，我不能说出在酒保递酒时他是什么样子的。有些习惯性饮酒者可以五六杯酒落肚而面不改色。"

艾伯特更烦恼了："肇事司机说在每天下班后，包括事故发生当天，他都会在下午6点去'欢乐时光'酒吧喝啤酒、打台球。目击者称司机在离开时显得非常愤怒。如果他一反常态地生气，不正说明他喝醉了吗？人们经常在喝醉后变得更情绪化。"

"这不是我的专业领域。我只能作证说，当一个人的血液酒精浓度达到0.03%时，他应该会头晕；当浓度达到0.08%时，他可能会在驾驶能力、反应时间、判断力上出现问题。但有没有人看出来这点？他们说没有。"

"等等，"艾伯特说，"如果那家伙生气的原因和我想的一样，那我们应该能赢得这场诉讼。"

律师认为肇事司机是因为什么而生气?

案情名称：
15 尖锐的现实

☐ 已结案　　☐ 未结案

答案：见111页

罗根在聚会上喝了半瓶伏特加，已经有些醉了，当他小心翼翼地绕过巴德家房子的拐角时，脚步有些踉跄。巴德从不锁后门，在后门边的壁橱里放着一瓶烈酒。罗根之前透过窗户瞧见巴德把一瓶伏特加放在了中间的架子上。现在，巴德像他在每个漫长而寒冷的冬夜一样，已经在客厅的电视机前睡着了。罗根的计划是从后门进入房子，偷走伏特加，并在巴德醒来之前回到自己家。

电视正播着一部滑稽的真人秀节目，音量大得足以把死人叫醒，但是却叫不醒正在打鼾的巴德。罗根慢慢转动门把手，将那扇发出咿咿呀呀声

响的门推开，他从门缝溜进屋里。他的靴子刚刚在雪地里走过，在地板上留下一个个泥印，不过老巴德根本不会注意到这一点。在他妻子去世后，整栋房子简直像猪圈一样乱。

刚走几步，罗根脚下的一块地板就嘎吱作响。他立刻停了下来，等了一会，确认没有其他动静，才继续迈步前进。他打开壁橱，把手伸了进去，摸到了伏特加的酒瓶。他在心里欢呼一声，脸上的笑容缓缓绽放，把瓶子举起来喝了一口。

突然，房间里灯光大亮，巴德站在门口，卷曲的灰色胸毛从法兰绒睡袍敞开的领口露了出来。"小子！快把那瓶酒放回去！"巴德大喊道。

罗根从口袋中摸出了一把小刀，喊道："老头，离我远点！"

巴德冲向罗根，将他和酒瓶撞倒在地，从他手中夺过了刀子。那瓶酒重重地摔在地板上。两人在地上厮打起来，巴德将罗根摁在地板上，过了一会儿，罗根挣脱出来，摇摇晃晃逃出房子，胸口有一道伤口在不断流血。

跑出房子后，罗根用手机拨打了急救电话。"救命，巴德在我胸口上刺了一刀。"他有气无力地呻吟。

罗根被送到了医院，急诊医生在他的胸口发现了一道形状不规则、宽度大于深度的伤口。医生为罗根做了手术，从伤口中取出了一些东西，保住了他的性命。

根据罗根康复后的证词，以及医生在伤口中发现的证物，警方确认巴德没有刺伤罗根。

<u>医生在伤口中发现了什么？</u>

16 案情名称：遗嘱难题

☐ 已结案　　☐ 未结案

答案：见111页

亨德里克斯博士在60多岁时因脑卒中导致长期瘫痪，一段时间后，他撒手人寰。在他去世一周后，所有可能的遗产继承人聚在一起，听律师宣读他最近手写的，或者手写后影印的最终遗嘱。两个已届中年的健壮女儿带着敌意并排坐在沙发上，惊讶的老管家和她的侄子则坐在房间另一张较小的双人沙发上。

"这不可能是真的！"当老管家听到亨德里克斯博士没给她留下任何东西时，尖叫道，"他承诺过我。让我看看遗嘱。"

大女儿辛西娅向来吝啬，她厉声说道："你还指望什么？你住在这里，免交房租，他给你提供食宿。为什么你会觉得他还要给你留东西？"

"他曾说过他会在遗嘱里照顾我的。"老管家现在看起来更老了，似乎也更糊涂了。她把脸埋在侄子的毛衣里。

侄子直视着律师说道："两年前，我亲眼见过亨德里克斯博士的遗嘱，就在您的办公室。那份遗嘱是您的员工打出来的，不是现在这份。"

"看来是亨德里克斯博士在脑卒中后改变了主意，"律师解释道，"你知道，一个人是有权改变自己的想法的。"

梅丽莎，更年轻也更漂亮的小女儿大声说道："亲爱的，他一生都在照顾你。你从未结婚，也没有自己的孩子。你和我们不一样，我们更需要他的钱。这是我们爸爸的决定，我们不能改变它。"

律师将遗嘱递给老管家。在匆匆看了一眼后,她倒吸了一口凉气:"这根本就不是亨德里克斯博士的笔迹!这是伪造的!"

"这太疯狂了。"梅丽莎尖叫起来。

"我认得他的笔迹,就像认得我自己的笔迹一样。"老管家确信地说。她从钱包里掏出一封旧的推荐信*,"看,这就是我的证据。三年前我搬出他的房子时他写了这封信。"

这封信能证明遗嘱是伪造的吗?

---

* 推荐信:旧时在西方国家,仆人在寻求新工作时需要前主人的推荐信,以证明其品德和工作能力。——译者

17 案情名称：遍体鳞伤

☐ 已结案   ☐ 未结案

答案：见111页

　　这是一个阳光明媚的周日下午，苏珊正要去参加一个家庭聚会。她下车前用后视镜检查了一下自己的妆容。

　　"嘿，亲爱的。"她的父亲打开门，侧过身亲吻了一下她的脸颊。苏珊看起来有点畏畏缩缩，父亲看着她身后空荡荡的人行道，问道："大卫呢？没和你一起来吗？"

　　"噢，他正在家休息。前半个星期他都在外面出差，所以想在周末缓一缓。"她边回答边快步走进屋中，"其他人在哪儿呢？"

　　"大家都在后院。"父亲回答说。

　　当苏珊拉开滑动玻璃门走进后院，她淘气的三岁外甥立刻用水枪对着

她喷水。当水和她脸上的妆混在一起滴落时，大人们都咯咯地笑了起来。

苏珊发现其他大人都和她一样被水淋湿了。姐姐雪莉咧嘴笑着，递给她一条毛巾："快把自己擦干，然后和我们一起玩。我们在打水仗呢。"

苏珊轻柔地用毛巾把脸上的水吸干。当她擦干后，所有的成年人都盯着她脸上黑紫色的淤伤。雪莉用手轻轻触摸了一下苏珊的脸颊，检查她的淤伤，但声音却十分冷硬："这是怎么回事？"

苏珊的父亲走进院子。当他看到这一切骚动产生的根源时，他瞪大了眼睛。

"噢，这没什么。有天早上，我赶时间不小心撞到了门上，你知道我有多么笨手笨脚的。"苏珊说道。

"这是什么时候发生的？"雪莉问。

"星期二。那天我有一场重要的会议……所以今年我们为妈妈准备了什么样的蛋糕？"她试图转移话题。

她的父亲冲进房间，苏珊紧随其后，想要阻止他拨打报警电话。

"我真想不到你还会包庇他。我警告过大卫不要再打你了。"

"爸爸，我没说谎，这些伤都是我自己弄的。他不会这样对我的。"

"我知道你就是在说谎。你的脸不可能是在星期二受伤的。"她的父亲回答说。就在这时，接线员接通了电话："您好！请问，有什么可以帮您？"

"我要举报一起家庭暴力事件。"

<u>苏珊的父亲是怎么知道她在撒谎?</u>

18 案情名称：便利店窃案

☐ 已结案　　☐ 未结案

答案：见112页

便利店经理从前门进来，走向菲利普，把这个负责值夜班的年轻人吓了一跳："啊，您好，阿尔弗雷德先生，您有什么事吗？"

阿尔弗雷德先生扫视了一下店里的情况，注意到菲利普的几个朋友正在游戏机前喝着汽水，嚼着零食。在上班时间将朋友带到店里是违反规定的。阿尔弗雷德先生说："我要买些东西，我住得离这不远。"他慢慢地走向冷柜，拿了牛奶和鸡蛋，挑选了薯片和汽水，同时暗中观察菲利普。菲利普无精打采地靠在柜台上。过了一会儿，阿尔弗雷德先生回到柜台前，把手上的东西放到柜台上。

"最近我们店里丢了东西。"阿尔弗雷德说，"你知道吗？"

菲利普摇了摇头，揉了揉鼻子。他受不了阿尔弗雷德先生。阿尔弗雷德先生总是强迫他加班，拒绝把他的工作时间调到白天。他一件件地拿起经理购买的东西，扫描条形码。

"我觉得你或者你的朋友很可能和这件事有关系。"阿尔弗雷德先生说着，从钱包里掏出信用卡，在柜台上敲了一下。他受够了这些小混混。

"没有的事，阿尔弗雷德先生！我甚至从来不吃垃圾食品，因为我一吃就会长痘。"菲利普说，他的朋友吉米忍不住嗤笑一声。

阿尔弗雷德先生盯着菲利普长满青春痘的脸说："我觉得你在说谎。"

菲利普说的是真话吗？

	案情名称:	☐ 已结案　　☐ 未结案
19	# 双胞胎案件	答案：见112页

当教室里安静下来后，米歇尔教授开始了今天的课程。米歇尔教授在大学里每周两次给本科生上科学课。今天的课程涉及指纹分析，这是大多数学生在看电视刑侦节目时熟悉的内容。

"也许你们还记得去年春天那起年轻女子失踪案吧？一名年轻的女子在一次赴加勒比群岛的班级旅行中失踪了。"他听到学生们窃窃私语的议论声。"那么你们应该还记得她最后一次被人看到是在酒吧和同学们在一起。当时她在那里待了好几个小时。其间她一直在跳舞，也喝了一些酒。之后她和岛上的一对双胞胎兄弟——长相完全一致的双胞胎——一起离开了酒吧。有人目睹她和双胞胎中的一人一起在沙滩上，这之后就再没有人见过她。"

莎朗举手说："我记得他们还在沙滩附近找到了一些啤酒瓶，是吗？"

詹森脱口而出："没错，他们发现了两个啤酒瓶，一个上面有双胞胎姐妹中一人的指纹，另一个上面有双胞胎兄弟中一人的指纹和唾液。"

莎朗不耐烦地瞥了一眼詹森，接着说道："我想说的是，双胞胎兄弟中谁的唾液在瓶子上，谁就有嫌疑。"

詹森又一次插嘴道："他们就是这么确定嫌疑人的。"

米歇尔教授终于重新掌控了课堂节奏，打断了詹森和莎朗无止境的议论："你们说的都对，警方发现了瓶子，上面沾有的唾液足以进行DNA鉴定。"

詹森再一次插嘴说："但是DNA鉴定并不能区分到底双胞胎兄弟中谁

的唾液在瓶子上。"

"因为同卵双胞胎有相同的DNA。"莎朗得意地接过话题。

"所以,到底通过什么来确认的呢?"教授问道。

<u>警察是怎么确定双胞胎中哪一个才是最后和年轻女子出现在沙滩上的人?</u>

20

案情名称：
看客的智慧

☐ 已结案　　☐ 未结案

答案：见112页

当一个围观的路人靠近时，业余摄影师正站在倒地者一旁，手持数码相机拍下了这一场景。"到底发生了什么，老兄？"路人一边问摄影师，一边看着血从受害者的胸口不断涌出来。

"我也不太清楚具体发生了什么。我到这里的时候，这个家伙已经躺在这儿了。我想可能是枪伤之类的。"

"这人是你的朋友？"路人一边问，一边用颤抖的手摸了摸自己的胸口，好像那里也有一个洞似的。

"不，我之前从没见过他。我只是觉得可以把这些照片卖给报社而已。"

"他躺在这儿多久了？"

摄影师将周围的一片区域都收进相机的取景器中，因为发现这场景而有点微微喘不上气来，"大概半个小时吧。我没有听到任何枪声。当时我正坐在街对面的咖啡馆里喝咖啡，看报纸。当我走到这里看见他时，立刻用手机拨打了急救电话。"

赶来的警察和急救人员正将这片区域团团围住，就像在草坪上野餐的蚂蚁一样。两个人看着倒在地上的人被抬上担架，血从他的嘴中流出。

"那个人没死，老兄！"路人对摄影师说。

路人是怎么知道的?

案情名称：
精心挑选

☐ 已结案　　☐ 未结案

答案：见113页

珍妮走进图书馆，寻找有关的资料，一心想找到自己那个棘手问题的答案，为此她已经看了足够多的相关刑侦电视剧。她问咨询台的图书馆员："我想知道，哪里能找到关于毒药的信息？"

"什么毒药？"图书馆员面带微笑地问她，"是你种的花长虫子了吗？"

"啊，不是。我是一名悬疑小说作家，我想在我的书中用一种无法检测到的毒药来杀掉一个坏人。"

两个小时过去了，珍妮依然在图书馆存放作家参考资料的分区中埋首

苦读。大多数毒药都有迹可循，唯有一种似乎符合要求。珍妮合上书本，将书放回书架上，然后离开图书馆。

她回到家，换上运动服，在房间里打发了些时间，把自己的指甲画了又画。然后在书桌前写道：

> 夜里，马克突然发病，被送进了医院。在之后的三个月里，马克的情况急速恶化。他变得既虚弱又糊涂，并且感到头晕和头痛。当他清醒时，行为十分古怪莫测。最终马克去世了。如果不是闻到了微弱的杏仁味，法医可能永远都不会知道这是一起谋杀。

珍妮找到了什么毒药?

案情名称：
呼吸课

☐ 已结案　　☐ 未结案

答案：见113页

凌晨三点消防站的警铃响起。早在消防员抵达之前，干燥老旧的木头宿舍已经化为火海。消防员控制了火势，使火不再蔓延至其他建筑物。黎明时分，人们看到了被烧焦的建筑物残骸，大多数居民都挤在街上，裹着好心邻居提供的毯子，庆幸烟雾报警器帮自己逃出生天。没过多久，消防队长就断定有人使用了助燃剂引发了火灾，这是一起人为纵火案件。

弗兰克斯局长手中拿着文件夹，向每个居民询问姓名和门牌号，算幸存者人数。他仔细核对住户名单，直到询问至最后一名幸存者，有两个名单上的人还没有被找到。

"曼尼·萨姆？科瑞恩·布莱克？"他一边在人行道上来回走，一边喊着名字。

有一个年轻女人把手搭在他的胳膊上："我认识曼尼和科瑞恩，他们的卧室是6号房间，在后面，靠近浴室和后楼梯。"

"你最后一次看到他们是什么时候？"弗兰克斯问。

"昨晚8点钟左右，他们去红龙酒吧见几个朋友，之后就没看到他们回来，或许他们昨夜不在家？"她带着一丝侥幸，又有些担心地回答道，下嘴唇不住地打战。

弗兰克斯找到消防队长，要求重新检查一次后侧通道。他们发现两个学生平躺在离他们卧室不远的地板上。两个人离后楼梯只有5英尺远，脸朝下，头靠近敞开的浴室窗户。

弗兰克斯局长走进卧室，注意到床之前有人睡过，"我们很快会知道确切答案，不过看起来他们犯了一个典型的错误，"弗兰克斯说，"我们一定要找到纵火者。"

人们发现两个学生的呼吸道充满了烟灰，血液样本中也有一氧化碳。

<u>这两个学生犯了什么错误?</u>

23

案情名称：

贤内助

☐ 已结案　　☐ 未结案

答案：见113页

妮蒂靠在沙发上，一手拿着冷敷布，另一手夹着一支点燃的烟。她的丈夫乔走进来坐在她旁边，从她手里拿过烟，扔进了烟灰缸里。

"还在偏头痛吗，亲爱的？"他问。

妮蒂连眼睛都没有睁开，只是拍了拍他的手让他安心："我只是觉得很累，浑身疼，头痛越来越糟糕了。"

乔拿过冷敷布，去厨房换了一条新的，并倒了一杯凉茶。他将茶杯递给妻子，妮蒂啜饮了几口，乔鼓励她喝完。他问道："你上次服药是什么时候？"

"大概一个小时前，我猜。但是疼痛越来越强烈，没有减弱。"

"你想要去医院吗？我尝试联系家庭医生，但是他肯定是去打高尔夫了。"乔尽量不让妻子感到惊慌。

妮蒂亲了丈夫一下，闭上眼睛："你和儿子现在去公园玩一会，或许还能看场电影。等你们回来时，我肯定就好了，我们可以订一个比萨当晚餐。"

乔真的不想留她一个人在家里，但是他们的儿子只有5岁，十分吵闹好动。所以他说："好吧，我们几个小时后就回来。我把电话放在这里，如果有需要就打电话给我。"在离开家门之前，他弯腰亲了一下她。

三个小时后，他们回到家中时，妮蒂已经死了。医生说她的症状明显说明了她的死因。

妮蒂是怎么死的？

案情名称:
硬心肠的女人

☐ 已结案　　☐ 未结案

答案：见113页

玛丽安受够了前夫的所作所为,他们已经离婚10年了,但是他还是拒绝接受这件事。

"这几年来,我一直希望他组建一个新家庭,不要再来骚扰我们。"她生气地把孩子的衣服放进行李箱,"放我一马吧。"她恳求道。

根据法庭要求,她的女儿们周末要去看望她们的父亲,尽管她们一点也不期待见到他："史蒂夫对孩子们从来不感兴趣,他只是想惩罚我,我受够了！"房间里一片安静。

两个小时之后，玛丽安和女儿们一起坐在球场的看台上，生着闷气。她的前夫是当地业余棒球队的游击手。他忘了找个人来临时照看女儿。玛丽安实在不放心把女儿们单独留在这里，留给一个混在球场里沉迷于童年梦想的男人。

玛丽安没怎么关心比赛，但还是发现史蒂夫看起来有些迟钝。第四局中，轮到史蒂夫的老对手，场上最好的击球手米奇击球，米奇击中了新人投手的第一个球，打出了一个直线球。史蒂夫稳稳地站着，伸出手套，但是球却正中他胸口，将他打翻在地。

"打中了！"米奇大喊一声，扔下球棒跑向一垒。史蒂夫却没有站起来。

"哦，天啊！"玛丽安发出一声尖叫，从座位上站起飞速冲到场内。史蒂夫静静地躺着，周围都是队友。她跪下身去，用手掌拍着史蒂夫的脸颊："史蒂夫，醒醒，史蒂夫！"

几秒钟后，史蒂夫睁开了眼睛，挤出了一个笑容："玛丽安，我真没想到你会这么关心我。"

被他话中的讽刺激怒，玛丽安将手收回来，攥成拳头朝史蒂夫胸口被球击中的地方打了一拳："你这个混蛋！"她站起身，跺着脚生气地离开了球场。

史蒂夫一动不动地躺在地上。大约一分钟后，他的队友注意到他还躺在那里。教练走了过来，跪下身去，然后抬起头说："他没有脉搏了。"

史蒂夫怎么了？

25

案情名称:
孤立事件

☐ 已结案   ☐ 未结案

答案:见114页

安德鲁骑车绕过了倒在双车道土石路中的大树和它四散的残枝碎叶,给乡里的邻居送晚报。昨天晚上的电闪雷鸣让他有一半时间都没有睡着,按他父亲的说法,这是上天最壮观的节目。

"这可真是场暴风雨。"他自言自语。这附近没有其他能和他聊天的人。乡里的房子分布在他居住的内陆湖周围一两英亩*的土地上。对于某些乡民来说,安德鲁是他们一天中除了邮递员外唯一能见到的人。

"嗨!老汤米!"他在汤姆·斯特拉顿的前门外喊着。橡木门开着,透过纱门安德鲁能看见湖面。他的父亲让他保证每天都来看望老汤米。老先生上了年纪,又一个人住在路的尽头。因此乡里的每个人都尽力照看老汤米。

安德鲁抛下车子,打开纱门,进到散发着霉味的屋子。老汤米的家里还算整齐,只是地上的灰尘已经有馅饼一样厚了。安德鲁从厨房窗户里望向后院,看到老汤米脸朝下倒在晾衣架旁边。他急忙跑过去,发现老汤米的上衣被撕裂了,后背上有可怕的红色痕迹。一定是有人鞭打了汤米。

安德鲁会心肺复苏术,但当他触碰老汤米时,却找不到脉搏。于是他跑回屋里打电话给父亲:"快来,他们杀了老汤米。"

当救护车抵达后,急救人员看到老汤米后背上的红色树状纹路说:"这不是被打的痕迹。"

请问老汤米身上到底发生了什么?

* 1英亩相当于4046.86平方米。——译者

26

案情名称：
家丑

☐ 已结案　　☐ 未结案

答案：见114页

"那个因为在每次抢劫时戴着外科口罩、乳胶手套，穿着绿色手术服而被称为'强盗医生'的人，今天上午又光顾了南十二街的全美银行。"布伦达·斯塔尔在午间新闻中报道说，"从银行大厅的监控录像中可以看到，那个臭名昭著的劫匪直接走向出纳员，将一张纸条和一个包递给她，同时将外套下藏着的枪瞄准对方。出纳员给了'强盗医生'3000美元，他在保安队抓到他之前逃走了。本地银行悬赏25 000美元抓捕（强盗医生），如果你知道任何关于'强盗医生'的信息，请拨打屏幕上的电话号码。"

埃斯坐在门厅的椅子上，在看这段新闻的时间里吃完了一份三明治、一包薯片和一大杯饮料。他喜欢回家吃午餐，可以看看孩子，亲吻妻子。他眼睛闭了一下，"强盗医生"的某些地方让他觉得有些熟悉。到底是什么呢？

几分钟后，他的弟弟杜斯打电话给他："你觉得强盗医生是不是长得像某个人？"

"我不知道，你觉得是像谁？"

杜斯还没来得及回答，他的另一个弟弟特雷跑进了客厅："你看到强盗医生的新闻了吗？我在网上找到了更多关于抢劫案的信息，一个目击者看到强盗医生的车是一辆绿色的雪佛兰。"

埃斯慢慢明白过来："不是吧！老爹为什么会做这种事，他又是从哪里搞到那套装扮的？"埃斯打开了免提。

杜斯说："他在过去几个月曾经几次向我要钱，我知道他需要现金。"

"而且他已经有点糊涂了。你不会真以为他在州里的不同酒吧里维护扑克游戏机吧？这可不是一个64岁的人能做的工作。"特雷反问道。

埃斯认真思考了很长一段时间，毕竟谈论的是他们的父亲。

"好吧，他说明天会回来。我会和他谈一谈，把事情弄清楚。"

第二天早上，埃斯敲响了父亲的家门。莫里斯先生将儿子请进屋，立刻煮上一壶咖啡。埃斯坐下来，努力积蓄面对父亲所需要的勇气。当父亲端给他一杯冒着热气的咖啡时，埃斯立刻看到父亲两只手上布满细小、红色的伤口。现在没必要问这件事了。他确定父亲就是强盗医生。

埃斯为什么会这么肯定？

27

案情名称：
布巴的鲜鱼

☐ 已结案　　☐ 未结案

答案：见114页

　　布巴认为，清晨是钓鱼的最佳时间。他一直以来都是一个早起的人，清晨，除了去钓鱼之外，没有多少事情可以做。

　　布巴从床上滚下来，从冰箱里拿了一瓶可乐，然后穿上他的旧背心。从下床到上船只花了10分钟。他练了很多年才做到这么快。

　　夏日的天空变成一片柔和的蓝色，布巴感觉自己就像生活在天堂之中，这里也许是世界上最好的地方。一个男人难道还需要什么别的吗？

　　他把钓索扔进茂盛的芦苇丛中。这些年来他在这里钓到很多大石斑鱼。鱼上钩了，他迅速猛拉鱼线，准备与鱼作一番搏斗。"伙计，这鱼应该很好吃。"他大声对鸟儿说。

　　这条鱼在被钩住之后并没有怎么挣扎，但布巴还是碰到了一些困难，因为它总是被杂草缠住。布巴闭上眼睛，垂涎欲滴地期待着。最后他用力一拉，终于把战利品拉上了船。

　　"怎么回事？"那意料之外的战利品——一条被干净利落地切下的手臂，躺在船的甲板上。"又是阿吉干的好事。"布巴说罢，马上回家报警。阿吉是当地的一条短吻鳄，被认为是造成三名男子死亡的罪魁祸首。

　　但当帕克斯警长一行到达后，警长看了一眼手臂，然后叫来了法医。手臂在肩膀附近被切断。"那不是鳄鱼咬的，布巴，这是一桩谋杀案。"

警长是怎么知道手臂不是被鳄鱼咬掉的?

28

案情名称：

惊愕失声

☐ 已结案　　☐ 未结案

答案：见114页

荷马缓慢地走着，擦了擦额头。"天啊，好热。"他说，"收容所的广播说，这是连续第五天气温高达47摄氏度。"

"天气本就应该是热的，我们可是住在亚利桑那州呢。"卢瑟回应他。自从热浪来袭，他们每天都聊着同样的内容。他已经厌倦了谈论天气。

卢瑟用胳膊肘轻轻推了推伙伴，露齿一笑，玩笑道："你看，是玛吉！她的体型可真够'健硕'。"

玛吉躺在人行道上，头枕在弯曲的胳膊上，靠着一辆装满空酒瓶和啤酒罐的购物车。"我昨天看到她，她表现得很疯狂。"

荷马有点喘不上气来，用一块脏手帕擦着脸，说道："她那不是发疯，只是喝醉了。"

两个人继续散步。当他们走了大约50英尺远的时候，卢瑟突然说："去和她打个招呼吧。"卢瑟用胳膊肘轻推荷马的后背，迫使荷马往前走了几步。

荷马向那女人踱了几步，觉得她紧闭双眼的时候看起来很平静："她睡着了，卢瑟。你就安静一点，让这可怜的家伙休息一会儿吧。"

卢瑟靠近仔细看了看，发现玛吉脸上有已经干了的血迹："她没睡，她被谋杀了！"

但是法医到达现场后并不这么认为。在玛吉身上没有找到任何伤口，那么法医判定的死因是什么呢？

29 案情名称：麻烦的家伙

☐ 已结案　☐ 未结案

答案：见115页

"你最近听到过扎克的消息吗？"琼漫不经心地问，虽然她对这并没有什么兴趣。

塔比莎摇了摇头，继续用手摩挲夏季特卖架上可爱的上衣："自从我们两周前分手后就没听到过他的消息了。怎么了？"

琼拿起一件前面有猴子脸图案的绿色背心，把它举到塔比莎面前。她把它放了回去。"好几天没人见过他了。我听说你又把他甩了，他很不高兴。"

"唉，他不可能没有预见到，我们都已经吵了几个月了。他总是不放过我，我能怎么办？"塔比莎做出她标志性的动作，噘起嘴唇。

这时琼的手机响起了一段古怪的曲子，她立马接起电话。"什么？我的天啊！什么时候？"她与对方交谈了几句，挂了电话，转向塔比莎，"你要做好心理准备，扎克的邻居说扎克死了！"

"什么？"塔比莎满脸困惑与震惊。

"他们在车库里发现了他的尸体。"

塔比莎倒吸了一口气，双手捂住嘴，哭了起来："他告诉过我，如果我离开他，他会饮弹自杀的！"

她们到达扎克的公寓时，现场已经被警方封锁了。她们走到挡住入口的警察旁，说明了自己的身份，解释为什么来这里。约翰逊警长询问时，塔比莎坦陈了两人的分手以及扎克威胁要自杀的事情。

一名技侦人员从车库出来,手里拿着一个塑料袋,里面装着一封遗书、扎克的鞋袜、一个剩半瓶的汽水罐,还有一片糖纸。"这是我们在车库里找到的东西。"他告诉约翰逊警长。

扎克是开枪自杀的吗?

30

案情名称:
神秘的失踪

☐ 已结案　　☐ 未结案

答案:见115页

  这艘船的安全员几乎被焦虑淹没了。当她播放完从船上的监控录像中截取的小片段视频后,抱怨道:"我们不知道拉森先生发生了什么。他的妻子快发疯了。布莱船长,你得帮帮我!"

  "现在不是慌张的时候,格洛丽亚。"布莱船长在巨大的压力下保持冷静的能力是出了名的。这不是第一次有乘客在船上失踪,也不会是最后一次。游轮每天晚上都挤满了醉醺醺的狂欢者,其中有些人可能会滞留在港口。

  格洛丽亚双手环于胸前,在船舱里踱来踱去。"拉森夫妇乘船穿越地中海度蜜月,昨天晚餐时喝了两瓶葡萄酒,又在海底酒廊喝了几杯鸡尾

酒。据目击者说,凌晨3点左右,他们拿着一瓶伏特加跌跌撞撞地回到了自己的船舱。"格洛丽亚深吸一口气,匆忙说出剩下的事情,"拉森太太昏睡了过去,今早醒来时,她丈夫已经不见了。到处都是血!"

格洛丽亚给船长看了两张照片:一张是14号客舱外4英尺高的栏杆上有一个血淋淋的手印;另一张是下面阳台上血迹斑斑的遮阳篷。

"这里离海岸很远,我们现在离卡苏大什岛都还有10英里[*],"格洛丽亚说,"没人能游那么远,尤其是在受伤的情况下。"

格洛丽亚走后,船长仔细地琢磨了她的叙述和留下的照片。其中三张照片是这对夫妇在海底酒吧喝空酒杯的画面。令人遗憾的是,客舱走廊上没有监控摄像头,无法确定进入客舱的人。在国际水域,布莱船长负责司法。他拜访了这艘船的安全主管卡波特警长。

"我们在那个客舱里清理出超过4升的血液,都符合拉森先生的血型。我们正在检测DNA。"卡波特说。船长给卡波特看了一张船舱照片。

"他们的冰箱里有什么?"船长问道。

"拉森太太说是她的胰岛素——她有糖尿病。"

"你进去确认过了吗?"船长问。

"没有。"

布莱船长想了一会儿,又问:"他们买了多少人寿保险,受益人是谁?"

"有人告诉我是500万美元。受益人是拉森太太。"

布莱船长笑了,"把拉森太太带到我的船舱来。再检查一下冰箱上有没有拉森先生的血迹。"

谁杀死了拉森先生?

[*] 1英里相当于1.6093千米。——译者

31

案情名称：
假遗嘱

☐ 已结案　　☐ 未结案

答案：见115页

公证人一脸严肃地告诉老妇人的女儿，遗嘱中没有给她留下任何遗产。"这不可能是真的！"比阿特丽斯喊道，"我是我母亲唯一的继承人。她还会把遗产留给谁，公证人先生？"

他们都知道，比阿特丽斯不是个孝顺的女儿，她已经好几年没看望过卡什太太了。公证人不打算告诉她：在她母亲最后一次被她态度恶劣地对待之后，比阿特丽斯得不到任何遗产是理所当然的。公证人把遗嘱推到桌子的另一边，让比阿特丽斯亲自检查："卡什夫人把所有财产都留给了查里蒂医生，以感谢他的悉心照顾。"

比阿特丽斯从她的大手提包里拿出老花镜，一段一段地检查起遗嘱。当她看到签名页时，得意地大叫起来："哈！这不是我母亲的签名。她从不使用自己的名字。她讨厌玛蒂尔达这个名字，所以落款一直都是'M. 路易丝·卡什'。不仅她没有在这上面签名，而且伪造者也不太了解她，是不是？"

公证人联系了警方。在比阿特丽斯的同意下，他们挖出了卡什夫人的尸体，检查了组织样本。原来，卡什太太不是死于疾病，而是死于吗啡过量。

当查里蒂医生被问到用药过量时，看起来很尴尬。"我本不希望你知道的，"他对比阿特丽斯说，"卡什太太吗啡成瘾。"

他从电脑上打印出了早期的医疗记录，包括卡什夫人死前几周和几个月吗啡成瘾的详细记录。"可怜的人。她很痛苦，直到最后一刻都很疑惑

为什么会成瘾，一定是意外用药过量，"他说，"我很抱歉，亲爱的。"

比阿特丽斯从他手里抢过病历，亲自检查细目。事实上，查里蒂医生之前已经表明过他对卡什太太吗啡上瘾的担忧。比阿特丽斯对母亲遗嘱的质疑将被驳回，除非她能想出一种方法来验证医生的说法是错的。

当她在那个星期第10次出现在警察局的时候，警察说："我们只需要一根你妈妈的头发。"

如何用一根头发证明或驳斥医生的说法呢?

案情名称：
32 疑点

☐ 已结案　　☐ 未结案

答案：见116页

朱迪下班比平时晚。由于是夏令时，天很早就黑了。今晚，一场冷雨使夜晚变得更加黑暗和不祥。她把雨衣的扣子一直扣到下巴，将衣领立起来，打开一把大伞，走到人行道上，准备穿过16个街区回家。

"为什么我没搭艾拉的车？"朱迪跨过水坑时问自己。鞋子很快被冰冷的水浸透了，一阵阵湿冷的风向她吹来。即使没有车辆，她仍然在拐角处停下来等绿灯。她想，无论女人还是野兽，今晚都不适合外出。

一个穿着黑色雨衣、头戴兜帽的男人走了过来，站在朱迪旁边。她能闻到他难闻的气息。他离得太近了，风将臭味吹向她，朱迪不由自主地皱起鼻子。他转过头来时，她看到一张长满胡须的脸、一个球状的鼻子和一副方形眼

镜。

绿灯亮起的时候,朱迪迅速走下路边,不料踩进一个又深又冷的水坑里,水坑边缘很粗糙。她失去了平衡,跌倒在人行道上。雨伞戳中身体的右侧,钱包从手中飞出去,落在了街中央。

"该死的!"朱迪喊道,痛苦和崩溃的泪水涌上眼眶。

"我来帮你吧。"陌生人说着,弯下腰,伸手要扶她。

"我没事。"朱迪说,试着想站起来。当确定自己几乎无法行走时,她回头看了看那个想要帮助她的男人。他伸出胳膊,扶她回到路边,接着却把她拖向一个黑暗的巷子,她开始恐慌和挣扎……几小时后,警察发现朱迪倒在地上,身上有被殴打过的痕迹。救护车把朱迪送到医院,她在那里接受了挫伤、擦伤和脚踝扭伤的治疗。

根据朱迪的描述,素描师非常准确地画出了罪犯的画像。警方在朱迪的腰带上发现了一些指纹,很幸运,这些指纹没有被雨水冲掉。警方还从朱迪伤口处得到了足够的皮肤组织来进行DNA测试。

警方把DNA和指纹与法院的犯罪数据库比对,很快就找到了匹配结果。"这一定错了。"巴扬警长对搭档罗伯茨说,"DNA属于约翰·奥尔,但他已经在监狱里待了5年了!"

罗伯茨警探说:"指纹呢?"

"这也很奇怪。这些指纹根本不是奥尔的,"巴扬警长回答道。他们给朱迪看一张约翰·奥尔的照片,但她没认出他来。

罗伯茨警探想了一会儿:"让我们来查一下奥尔是否有亲属患有白血病、淋巴瘤或其他任何类型的血液疾病吧。"

<u>攻击朱迪的人是谁?</u>

案情名称:
棘手的情况

33

☐ 已结案　☐ 未结案

答案:见116页

比利跑过去拍了拍弗兰基的肩膀,"哈哈,抓到你啦!"比利喊道,然后转身跑开。弗兰基生气地尖叫起来,以最快的速度追赶比利,跑上比利家后面的小山坡,进了树林。弗兰基看见比利一动不动地站着,便猛地撞向比利的背部,把他撞倒了。"现在轮到你了!"弗兰基喊道。

比利一边挣扎一边喊道:"别玩了!你没看见吗?我们得报警!"他的话引起了弗兰基的注意。弗兰基从他身上滚下来,朝他指的方向看过去。在前面的树荫下,有一个女人躺在地上,全身都有被殴打过的痕迹。

在弗兰基的母亲打电话报警后,警察和调查人员赶到了现场。被害女子脸朝下躺着,被打得很惨。她的东西被扔得到处都是,比如鞋子被扔到

了很远的地方。调查人员把每件物品单独放入一个证物袋。他们还在附近的土地上找到并拍摄了鞋印。另一队调查员一寸一寸地搜查现场，寻找凶手可能留下的证据。

突然，斯莫克警官喊道："任何人都不要碰她的身体！"

一名调查员吓了一跳，她的手停在了那女人脸的上方，站起来瞪着他："为什么不能？如果想抓住凶手，我就得做好我的工作！"

"对。但我想在这里做一些尝试。这里在树荫下，案发时间不是很久，所以证据应该不会被热污染或过度分解。现在也没有雨水或露水会冲刷掉线索。我的卡车里有设备，我想试一试胶熏。"他解释道。

调查组的琼斯对这个想法感到震惊。在实验室中，他们通常使用胶熏的办法来显示指纹，使其硬化成白色的螺旋图案后拍照，再与已知的罪犯指纹进行比对。但在现场从人类皮肤上提取指纹则完全是另一回事。

"值得一试，"斯莫克警官解释道，"我们没有目击者，也不知道受害者的身份。除非有比较完整的证据，否则我们不可能找到凶手。"

他们用塑料布和PCV管搭出一个帐篷，然后加热并熏出足够的胶水来充满帐篷。经过一段时间的等待，帐篷里终于充满了烟雾。最终，他们在被害人的腿上发现了一个不寻常的掌纹，并将其拍了下来，添加到犯罪档案中。

掌纹可以用来确定嫌疑人吗？

案情名称:
致命全垒打

☐ 已结案　☐ 未结案

答案：见116页

斯科特拧着双手，咬着嘴唇，前后来回地换脚踱步。他用头和肩膀夹着手机，等着电话那一头警察的回答。

"好的，斯科特先生，我派辆车来接你。他们应该马上就到了。"

斯科特不小心把手机掉到了地上，他弯下腰想把它捡起来，但手抖得太厉害，很难抓住这个小玩意。一辆警车开了过来，有两名警察从警车里走出来。

"您是斯科特吗？"那位年轻的警察问。

"对。"

另一位年长的警察捡起斯科特的手机放到耳边："他在我们身边。对的。我们10分钟后到。"

斯科特还没反应过来，就已经坐在了警车的后座上。

"没关系，斯科特先生，"年长的警察说，"我们只是需要从您那里得到更多的信息。您告诉蒂姆警官您知道是谁伤害了左·亚伦？"

"是杰克·埃米特。"斯科特颤抖着嘴唇勉强说出这句话。

"您怎么知道的？"

"他打电话给我，让我把那支棒球棒扔了。"话刚一出口，斯科特就因为过度紧张在警车的后座上吐了一地。

医生在对亚伦检查后发现他两条前臂骨折，头部被钝器击打而有严重的脑震荡，昏迷不醒。

杰克·埃米特被逮捕后，蒂姆警官在埃米特的律师在场的情况下对他进行讯问。埃米特起初否认一切，直到卡特酒吧和格栅酒吧的目击者说，这两个人前一天晚上在一起喝酒，在调酒师拒绝再给他们加酒后，他们在停车场打了起来。

"那是自卫，我发誓！他拿着球棒冲我挥击，但没打中我。我从他手中夺过球棒，在他冲过来时挥棒打了他的头。我还能做什么呢？"埃米特辩解称。

"但他被打得很惨。"蒂姆警官说，脸上挂着明晃晃的怀疑。

"我被吓坏了，就打了他的头。"

<u>埃米特说的是实话吗</u>？

35

案情名称：
翁婿之间

☐ 已结案　　☐ 未结案

答案：见117页

凯文·卡斯帕被发现头部中枪身亡。他的尸体是在一艘渔船上被发现的——那艘渔船被系在他湖边住宅后面的码头上。卡斯帕习惯每晚钓鱼，但是他的房子离别人家很远，没有人听到枪声。

警察包围了院子、码头和房子。"那么，医生，您怎么看？"福尔摩斯警探问法医麦考伊。麦考伊似乎听而不闻，只顾自己到处检查，挑战着福尔摩斯的耐心。但是福尔摩斯不想再问一次。

最后，法医说："看起来卡斯帕右手持枪，将这把左轮手枪抵在他的右太阳穴，扣动了扳机。"

福尔摩斯问："那么您觉得是自杀？"

"我需要再检查下才能确定。你还知道其他可能导致卡斯帕自杀的动

机吗?"

"是的。据我所知他在工作上错过了一次很好的晋升机会。他的太太发现他有一段长期的婚外情。他女儿离开丈夫,带着孩子搬回了家。"福尔摩斯念着码头前对卡斯帕太太简短询问的记录。

一个穿着灰色法兰绒西装的男子从屋子里出来,走向福尔摩斯。"凯里·格拉尼特,"他说着伸出手来。福尔摩斯和他握了握手,感觉对方握得很紧,手指长满了老茧。

"你是卡斯帕的女婿,对吧?"福尔摩斯想起了这个名字,"告诉我,你觉得谁有杀他的动机呢?"福尔摩斯站在格拉尼特和法医之间,挡住了格拉尼特看尸体的视线。

"谁都有呢?"格拉尼特说,为自己的机智暗自发笑。格拉尼特双手插在上衣外面的口袋里,脚上穿着20世纪50年代孩子们穿的那种乐福鞋,前后晃动双脚。

"你不喜欢他,是吗?"

"没人喜欢他,凯文·卡斯帕是有史以来最混蛋的人。如果能逃脱惩罚,我早就亲自动手开枪了。"格拉尼特严肃地说。

"你昨晚在哪儿?"

"在一个派对上,大约有50个人参加了这场派对。你随便查。"格拉尼特龇牙笑着。

"你是怎么知道卡斯帕死了的?"福尔摩斯问。

"我刚到,女仆让我下来跟你谈谈。她说卡斯帕被谋杀了。不得不说,这个人为世界作出了伟大的'贡献'!"格拉尼特回答。

福尔摩斯盯着格拉尼特看了很长时间,接着问了一连串的问题。格拉尼特的回答也同样迅速。

"他和卡斯帕太太的关系如何?"

"他们像猫和狗一样整天打架。警察已经接到过5到10次的家庭纷争报警了。"

"他和老板的关系如何?"

"上周在酒吧打架时,卡斯帕用铁锹打了他的老板。"

"他和女儿呢?"

"她讨厌搬回家和他住在一起,也讨厌他总是站在我这一边,"格拉尼特最后说。"那个老家伙被人枪杀,大概是因为他把别人的'乐趣'都夺走了。"

福尔摩斯仔细看了看格拉尼特,再低头看了看他插在上衣口袋里的手,"也许吧。"福尔摩斯向附近的一位警察做了个手势,"莫蒂,把格拉尼特先生带到市区去,检查他手上的枪击残留物。另外,把他的衣服也收起来。"

"什么?你这是什么意思?"格拉尼特气急败坏地说。

福尔摩斯说:"你因谋杀被捕了。你有权保持沉默。"

福尔摩斯是怎么知道格拉尼特杀了卡斯帕的?

36

案情名称:
抢劫疑云

☐ 已结案   ☐ 未结案

答案：见117页

"我丈夫已经没有呼吸了。"艾琳对接线员说。当急救人员到达现场时，发现这位著名的政客脸朝上，衬衫半开，微微张开的下巴是尸僵的早期迹象。

"好吧，让我们看看他的身体会告诉我们什么。"莱斯特法医说。他戴上了乳胶手套，一边观察，一边对着一个小型数字录音机口述他的初步发现，"受害人上唇有一块发红的区域。"他用手撑开双眼眼皮，"双眼点状出血。"

"什么？"

莱斯特法医举起手来，那是典型的表示请耐心等待的手势，他继续观察。"胸部有两处小的红褐色印痕。"他把政客的身体翻过来，"背部有瘀伤，手腕上有擦伤，这明显是被束缚手腕造成的。"

"你是说这是一起抢劫案？"

莱斯特法医没有回应，他又检查了半个小时。威尔逊警官问："你有什么初步结论吗？"

"我需要等待毒理检测结果，"莱斯特法医说。毒理检测指的是能够显示死者体内药物含量的血液检测，"可能是意外用药过量或自杀，但我想是谋杀。"

为什么？

37 案情名称：消失的女孩

☐ 已结案　　☐ 未结案

答案：见117页

屋子里太干净了，这是法医西姆斯注意到的第一件事。如果这里是谋杀案发生的第一现场，应该会很乱。在没有弄乱任何东西的情况下，一个人不是那么轻易就能被杀死的："你确定是这里吗？"

特伦特侦探点点头："她在一家比萨店工作，一直在送外卖直到午夜。她送到了这个地址，之后再也没有人见过她。这里的住户打了订餐电话，拿到了比萨，他承认了这点。"

法医点了点头，双手背在身后，再次走进房子。每个房间都有漂白剂和松香清洁剂的味道，没有发现有可疑尘埃颗粒或其他微小的线索。调查小组拆解了下水道；用吸尘器清扫整个房子，并在墙壁和家具表面喷洒了化学物质以检查血液残留。但他们什么也没找到。

在地下室里，西姆斯打电话叫来了特伦特警官和他的搭档。另有两名穿制服的警察也走了过来。当他们来到铺着地毯的客厅时，发现西姆斯法医趴在地上，脸颊贴着地："趴下来，感受一下这个地毯。"

所有人都照办了，他们趴到地上，面面相觑。最后，特伦特说："这一块很湿，住户最近清理过地毯。"

西姆斯用手掌轻抚着地毯毛茸茸的表面："是的。"

西姆斯在地毯上喷了些鲁米诺试剂，它变成了蓝色，显示有微量的血液："让调查组来，把地毯掀起来。我想我们会在地毯下面找到想要的东西。"

当地毯被掀起来时,调查人员发现了一大摊血,目测超过2000毫升。

"我认为你现在可以给那个点比萨的家伙定罪了。"西姆斯法医告诉特伦特。

特伦特说:"即使DNA检测证明这是女孩的血,我们也不能判定是他杀害了女孩。"

"我不同意,"西姆斯法医说,"有这一摊血已经足够了。"

<u>西姆斯为什么这样说?</u>

38

案情名称：
白昼的余晖

☐ 已结案　　☐ 未结案

答案：见118页

对奥利弗来说，这些新房子仿佛一夜之间在他的社区拔地而起。他搬到这里是为了逃离城市的恣意扩张，但其他人也纷纷效仿，似乎下定决心要把这个安静的社区变成另一个喧嚣的大都市。

"他们为什么不好好待在城里，离我远点？"奥利弗想。

奥利弗把卡车开到允许停车的最近的住宅工地前，停在化粪池系统安装工的钻机后面，然后走了出去。狂风猛烈地吹过他的卡车底盘。他攥紧运动衫的前襟，把拉链拉到下巴，再掀开遮住耳朵的兜帽，抓起一副手套。今天下午要建化粪池。当地的卫生部门需要知道化粪池的确切位置，所以他必须先提出申报，获得许可。

刚关上卡车门，汉克就大步走过来，抓住奥利弗的肩膀："我很高兴你在这儿，奥利弗，我们有麻烦了。这是我26年来干挖掘化粪池这活见过的最糟糕的东西。"

"发生什么了？"奥利弗问道，把写字板夹在腋下，跟着汉克大步走到停车场的后面。在那里，他看到一个人站在挖土机上，另一个人盯着已经开挖的洞。

"你自己看吧。"汉克指着下面说。

奥利弗低头，看到了一些骨头。它们显然不可能是狗的，也不像奶牛的。"这段时间暂时建不起房子了。"这一点他可以肯定。他拿出手机，拨通了电话："贝茨警长，我们在詹森家发现了一些骨头，看起来有点

小。也许是孩子或年轻女子的。"

汉克摇摇头,把手塞进口袋里:"他们永远不会知道是谁。"

"他们肯定会知道的。"奥利弗告诉汉克。

<u>警察将如何识别骨头?</u>

39

案情名称:
随时间磨损的鞋

☐ 已结案   ☐ 未结案

答案：见118页

　　玛丽恩和罗西每周在她们的丈夫外出工作后，就会见面一起喝咖啡。通常，丹尼斯夫人也会一起来，但今天她遗憾地打来电话，说丹尼斯先生得了流感，她需要在家照顾他。

　　"哦，我的好胃口，"玛丽恩说着，伸手去拿第三块司康饼。罗西是一位非常棒的烘焙师。当然，这很可能就是玛丽恩体重达到113千克的原因。不过，玛丽恩的先生总是说，女人有一点胖嘟嘟也没有什么不好的。

　　"怎么了，玛丽恩？"罗西问道，语气里带着对有趣的八卦的好奇和憧憬。漫长的夏日过后，孩子们都回到学校，社区安静了下来，好在新的电视季又开始了。否则，每周的咖啡谈话将会成为她唯一期待的事情。

"上周的新节目你看了吗?就是那个关于未侦破案件的节目。"玛丽恩说。

罗西点了点头,嘴里塞满了司康饼和草莓酱。她喜欢所有的刑侦类节目,她的丈夫也是。

"说真的,其中一个全球通缉的罪犯长得真像拉尔夫·丹尼斯,简直是一模一样。"玛丽恩的语气充满了夸张的惊叹。

"不会吧!真的吗?"罗西觉得这比在后花园里找到丢失的小猫更让她感到兴奋。她已经开始幻想,如果那真的是拉尔夫·丹尼斯的话,玛丽恩身上会发生什么。玛丽恩的照片会出现在报纸上,为什么?因为玛丽恩出名了!

玛丽恩继续说道:"在20世纪70年代的某一天,加利福尼亚州有个家伙杀害了他的母亲、妻子和三个孩子。然后,他畏罪潜逃,迄今已经出逃30年了。"玛丽恩抿了一口咖啡,拒绝了罗西递过来的第四块司康饼。她不想破坏自己的午餐计划。

"所以,我顺路去了他们家,给他们送一些饼干,"玛丽恩继续说道,"我想模仿那些卧底,问丹尼斯先生几个问题。不过没问出什么结果,丹尼斯先生说他从未去过加利福尼亚州。但无论如何,我还是报警了,今天早上警察来丹尼斯家里,为申请搜查令收集信息。我猜他们会检查丹尼斯的衣服和物品,看看能否找到我们在电视节目上学来的任何痕迹和证据。"玛丽恩说着,轻轻地抹了抹盘子里的面包屑。

"他们是怎么知道他现在的长相的呢?"罗西问道,"你知道的,人的面貌在30年里会发生巨大的改变。"她想起自己高中时纤细的腰肢,以及丈夫曾经那一头蓬乱的黑发——如今头发丝都已掉进浴室的水池。

"他们对罪犯现在可能的长相做了3D模型,我发誓,那简直就是拉

尔夫·丹尼斯的翻版。"

她们若有所思地喝完咖啡,然后互相道别。第二天,罗西接到了玛丽恩兴奋地打来的电话,"你猜猜发生了什么?"她上气不接下气地说道,"警方拿到了搜查令。他们把拉尔夫·丹尼斯的房子翻了个底朝天,结果在从他鞋底提取的土壤样本中发现了一些加利福尼亚州大果松的松针。他们说这是个重大线索。"

"我不太明白。"罗西非常困惑地说。

这种松针是如何帮助警察破案的?

40

案情名称：
电影也疯狂

☐ 已结案　　☐ 未结案

答案：见118页

星期二的晚上，流行艺术电影院非常冷清。罗伯和玛莎到达后，亮出会员卡，拿了一杯拿铁，刚巧看见他们旧公寓的另一对夫妻也在同一个区域寻找座位。电影开映前，两对夫妻一直在聊天。约翰开玩笑说，他打算看看哪个女人会先流下眼泪。"我会留意你们两个人的。"他说。

玛莎把拿铁放入杯架，将外套和手提包放在她和约翰之间的座位上。他们坐在舒适的椅子上，心无旁骛地观看电影——这部意大利电影《永不再来》获得了年度最佳影片提名。在电影接近尾声时，玛莎忍不住眼含热泪。

电影结束后，约翰和他的妻子直接回家了，罗伯和玛莎专注于谈论剧情而逗留了一会儿。小卖部在一个小时前就已经关门，剩下的工作人员都等着他们离开。罗伯和玛莎拿上外套离开后，影院工作人员在他们身后关上了门。罗伯夫妇开车回家就寝休息，他们两人第二天早上都还有事。

玛莎清晨5点30分起床，洗漱后匆匆出门。她一把抓起钥匙，然后伸手去拿通常放在门边桌子上的钱包，只是桌子上空空如也。玛莎检查了汽车，也没有找到钱包。夫妻俩找了个遍，甚至打电话到电影院询问，但还是没有找到。最后，玛莎只能把身份证和信用卡全都挂失补办。

一年后，玛莎和罗伯申请贷款被驳回。他们询问原因，被告知已经有超过200 000美元未偿还的欠款，其中一些欠款已经进入催账阶段。

到底发生了什么？

41 案情名称：酒后驾驶

☐ 已结案　　☐ 未结案

答案：见119页

"太热了。"安德鲁说，用湿透的T恤擦了擦额头。他把铁锹插入土里，铲起泥土，肌肉因用力而酸痛。他们在为新栅栏挖桩洞。

杰里走到冷藏箱旁，拿出两罐啤酒，将其中一罐扔给安德鲁。"休息一下吧。"他提议，汗水顺着脸颊淌下来。两人大口地喝着啤酒，喝完后把啤酒罐压扁，扔到车道边。"再给我一罐。"安德鲁说。

"没了，喝完了。"杰里说。

"好吧，"安德鲁把铁锹放下，大步走向小货车，"我很快就回来。"

安德鲁坐进小货车的前座，把车倒出车道。转弯时，他在后视镜里看到杰里又开始挖桩洞。他把空调风速开到最大，并且对准了自己的脸。

开了不到一英里，安德鲁听到警笛声。他抬头看见一辆警车跟在他后面，闪着灯。安德鲁靠边停车，等待警察上前。安德鲁摇下车窗问："怎么了？"

"你车后面的尾灯坏了，"康纳警官提醒他，从驾驶室里飘出来的啤酒味让警官向后仰了一下，"你喝酒了？"

"只喝了两罐啤酒。今天在户外劳作，外面比炉子还热。"安德鲁回答道。

安德鲁进行了呼气式酒精检测，结果是0.10%，比法律规定的0.08%的饮酒驾驶标准要高，因此被捕。但在审讯过程中，他的律师成功地质疑了血液酒精检测结果，安德鲁被无罪释放。

律师是根据什么来质疑酒精测试结果的?

42 案情名称：爱很奇怪

☐ 已结案　　☐ 未结案

答案：见119页

玛丽张大了嘴巴，露出嚼了一半的炒饭，看上去就很倒胃口，"亚历克斯在跟踪你？"她喝了一大口绿茶，咽下了嘴里的饭。

简点了点头，说："昨天晚上，我跑完步后，已经累得喘不过气来。他不知道从哪里冒了出来，在我准备开门的时候抓住了我。"

"就在宿舍？在学校里？"

"真的把我吓了个半死，你看。"简用颤抖的手指把她的衬衫袖子往上挽了挽。她修长苍白的手指、红色的指甲床与手臂上深紫色的淤伤形成了鲜明的对比。

"但我们都以为你们是一对完美情侣。其实不是这样吗？"玛丽注视着简不开心的脸庞，试图开解她。

两天后，简被发现死在了自己的家门口。法医在现场没有发现她身上有任何外伤，或者其他明显的死亡原因。玛丽告诉警察，亚历克斯曾跟踪过简，但亚历克斯经警方审问后被无罪释放。

<u>亚历克斯是杀害简的凶手吗</u>？

43

案情名称：
午后爱情

☐ 已结案 ☐ 未结案

答案：见119页

纳特打开门，房间里有一股难闻的味道。这房间看上去像经历过一场飓风，不仅家具东倒西歪，报纸四处散落，盆栽被打翻在地，书架的两扇玻璃门都被震碎了，地毯也湿透了。

纳特走进厨房，发现了更糟糕的一幕，他看到伊莱恩脸朝下趴在瓷砖地上。她右手拿着一把抹刀，左手边是去年在希腊购买的波塞冬小雕像。雕像表面溅上了血迹。炉子上的一锅鸡蛋羹已经凝固了。纳特蹲下身检查，谢天谢地，她还有一口气，他呼叫了急救车。随后把伊莱恩寄给他的信塞回了口袋。

警察在伊莱恩公寓前的人行道上对纳特进行了盘问。与此同时，公寓

内工作人员正在犯罪现场搜集证据。

"我来这里是因为前几天她给我寄了这封信,她在信里告诉我她不再爱我了,"纳特说道,"她说遇到了新的人,感到很快乐。"

"所以你打伤了她?"布莱克警官问道。

"不!我当然很难过。读到这封信时,我很伤心,但我没有伤害她。我给她打了好多次电话,还留了一条信息说'我理解,我们仍然可以做朋友'。"纳特回答道,"但她始终没有接我的电话,我才决定过来和她当面聊聊。"

"信在哪里?"

纳特从口袋里拿出了一封折得整整齐齐的信,递给布莱克。

布莱克仔细观察着纳特,寻找他精神不稳定的迹象。但他看上去并没有异常之处。布莱克打开了那封信,最先注意到的是字迹向左倾斜得很厉害。

"你是什么时候拿到这封信的?"

"几天前,怎么了?"

"我认为这封信不是你的前女友写的。"布莱克说。

"什么?"纳特困惑地问。

为什么布莱克警官认定这封信不是伊莱恩写的?

44

案情名称：

伤口边缘

☐ 已结案　　☐ 未结案

答案：见120页

阿尼的妻子琳达被人刺伤，阿尼不想看到凶手逍遥法外。此时，他直勾勾地盯着鲁比警官，怒火中烧的双眸对上警察冷静的眼睛："你说无法确定哪把刀是什么意思？你知道，就是那个人渣伤害了我的琳达！"

鲁比把一只手按在阿尼的肩膀上："你先坐下来，然后我来告诉你，我们发现了什么。"

阿尼并不想坐下，但他想知道线索，所以还是坐了下来。鲁比走进休息室，从咖啡壶接了两杯黑咖啡回来。阿尼拿起杯子喝了一大口，咖啡烫到了舌头，但他还是咽了下去，也没有抱怨，只是等着鲁比开口。

"我们知道当时你的妻子独自一人在夜间快递员的办公室里工作。在她工作几个小时后，刺伤事件就发生了。我们推断作案动机是抢劫，因

为现场的现金被偷走了。另外，一位贩卖珠宝的员工的办公桌被强行撬开了，一些珠宝也被盗走了。我们发现了一枚不完整的带血指纹，但它不够完整，无法与嫌疑犯的指纹进行决定性的比对。"

鲁比停了一秒，抿了一口咖啡。阿尼没有说什么。

鲁比接着说："我们在她的身上、双手和手臂上发现了一些伤口。在骨头和手部的部分软骨上发现了一些刀伤的痕迹。从刀痕来看，应该是一把磨损比较严重的刀。此外，部分伤口的边缘呈锯齿状。"

"对，然后你们找到了一个清洁工，在他的汽车后备厢里找到一把刀。你们逮捕了他，又把他放了！你们怎么可以这么做？"阿尼的耐心快耗尽了。对阿尼来说，正义的车轮实在是转得太慢了。

"让我来告诉你，"鲁比说着，从办公桌抽屉里拿出装着一把刀的证物袋。阿尼看着这把刀的不锈钢把手、长长的护手和薄薄的刀片。

"我们认为这把刀就是凶器。这上面覆盖满了埃德·莫里斯的指纹。但没有任何血液。"鲁比很抱歉地解释道，"我们找到的其他证据要么是不确定的，要么就是能证明他无罪。"

阿尼把头抵在桌子上思考了一会儿，想要保持清醒的头脑实在是太难了，但阿尼知道为了琳达自己必须这么做。他一定要把伤害他妻子的人绳之以法。自琳达被刺伤的那天起，他一直盯着电脑屏幕搜索所有和法医法相关的信息，希望找到抓住凶手的办法。突然，阿尼想起了什么："再告诉我一遍那些伤口的特点，它们周围是不是有一些挫伤？"

"的确是这样的。胸部的伤口周围有着明显的挫伤。"

<u>这些挫伤如何帮助他们给清洁工定罪的?</u>

45

案情名称：蒂凡妮偷盗案

☐ 已结案　☐ 未结案

答案：见120页

享受着宜人的气温，沐浴着秋日的阳光，在芝加哥海军基地码头，一群游客正在期待即将到来的旅行。短短几分钟后，游船的上、下甲板就挤满了人。参加这趟芝加哥河上的短途旅行的有年轻情侣、家庭和单身男女，还有几只狗。

南希打开麦克风，开始芝加哥建筑之旅的介绍："在1871年芝加哥大火后，哦，对了，顺便说一下，这场大火并不是由奥利里太太的奶牛引起的。这场大火后，建筑师们蜂拥而至，希望用自己的作品帮助芝加哥重生。今天，我们将会看到30多座建筑物，每一座建筑物都是展现建筑界辉煌成就的范例。我们现在看到的海军码头，始建于1916年，后来又在1976年和1990—1994年两次翻修。"

游船经过湖心大厦、怡安中心、NBC大楼，向北驶向河畔小屋酒店。当船掉头时，游客们看见一对年轻夫妇在河边举办婚礼。摄影师正用数码相机为这对新人快速拍照，这艘满载游客的船被记录在了照片中。

南希鼓动大家："数到三，让我们一起高喊'新婚快乐'！一、二、三——"但她刚喊出"三"，一声女子的尖叫从甲板处传来，紧接着是巨大的落水声。

救生员乔快速跑到甲板上，发现一名年轻女子一边哭泣，一边紧紧抱着一条约克夏犬，好像离开了这条狗就无法正常呼吸。那条狗扭动着身子，不停地吠叫，试图逃走，但她太强壮了，狗根本跑不掉。冰冷的河水

里，一个男子正在挣扎。在船长减速停船的时候，乔扔给男子一个救生圈。女子不停地哭喊着："他想偷走我的蒂凡妮。"男子愤怒地回应："她是个骗子！蒂凡妮是我的狗！"

乔把男子从水里救上来后，男子、女子和狗都被警方扣留了。蒂凡妮的项圈上有一块牌子，上面写着它的名字，除此之外，没有其他任何信息可以和这两位游客进行比对。两人都坚称蒂凡妮是自己的狗。船上其他乘客没有人记得是谁带蒂凡妮上船的。在这场骚动中，小狗蒂凡妮非常紧张，对这两位有可能的主人都毫无反应。

救生员如何查出小狗蒂凡妮真正的主人是谁？

46 案情名称: 伊甸园里的烦恼

☐ 已结案   ☐ 未结案

答案：见120页

露西和哈罗德懒洋洋地靠在大床上，一边喝着鸡尾酒，一边吃着点心。他们两天前到达这个城市，昨晚住进了这家豪华酒店，开始蜜月的第一天。到现在为止，这段经历都美好极了，他们不敢相信自己是如此幸运。

"昨晚的焰火太美了。"哈罗德边喝酒边回味精彩的焰火表演。"我们现在最好换衣服退房。游轮将从港口出发，在……"哈罗德说着，停下来瞥了一眼床头柜上的闹钟，"两个小时以后。"

"然后我们将一起乘船游玩两周，太美妙了！"露西说。他们慢悠悠地整理完行李，快要来不及登记上船入住了，但他们毫不在意。

离开船还有半个小时，哈罗德完成了视频退房，拎着行李走向电梯。他把酒店房卡放在前台的回收箱里，然后冲向一辆待客的出租车，出租车把他们飞速带到了离港码头。直到两天后，哈罗德才意识到他把自己最好的运动外套忘在了酒店。

当哈罗德和露西结束为期两周的蜜月旅行回来后，震惊地发现他们银行账户上所有的钱都不翼而飞了，信用卡也透支了，电话答录机上还有一大堆愤怒的收账人留言。

这对年轻夫妇感到非常困惑，因为他们一直把信用卡和其他个人物品随身携带着。

哈罗德和露西的钱是如何被取走的?

47 案情名称：
通往天堂的公路

☐ 已结案　　☐ 未结案

答案：见121页

理查德一次又一次用手掌猛击方向盘中央，迫使喇叭发出一声长长的巨响，响声穿过他车前保险杠到挡在他前面的缓慢行驶的轿车车尾之间几英寸的空间。老妇人没有明白他的意思，继续保持限速行驶，有效地阻止了理查德冲向自己的商务午餐。理查德已经迟到很久了。

理查德完全厌倦了通勤和那些不得不应付的"龟速"司机。他再次往前冲了一点，希望能吓到老妇人，迫使她靠边停车，让他先通过。就在他举起手准备再次按喇叭时，看见前面的刹车灯突然亮起。他的本能反应是绕过停在前面的那辆车，但这让他的越野车以每小时40英里的速度冲出了双车道公路，车子翻了三圈才停在路边的一个深沟里。理查德没有系安全带，被甩出了车子。令人惊奇的是，车辆几乎完好无损。

老妇人继续行驶，直到10分钟后，警方在当地的一条路上拦住了她。一名慢跑者目睹了事故的大部分过程，能够大致辨认出这名老妇人贝蒂的福特金牛座轿车。

"你知道在猛踩刹车之后，后边发生了车祸吗？"警官一边问一边检查着她的车辆。

贝蒂抬起头，困惑地看着警官。

"哦，我很抱歉。"她说，"我不知道有男子驾车跟在我的后面。我在路上看见了一只小动物，是一只小负鼠，不得不停下来让它通过。希望没人受伤。"

"你后面发生了严重的车祸。"警官解释说,对贝蒂冷静的表现感到震惊,"你说你猛踩刹车是为了救一只小负鼠?"

"是的,警官。"贝蒂报以甜美的笑容,回答道。

贝蒂说的是实话吗?

48

案情名称:
偷来的一瞥

☐ 已结案　　☐ 未结案

答案：见121页

　　阮春丽在她父亲的干洗店里帮工，她的父亲正在吃午饭。自从阮先生从越南移民至此，在镇子的边缘经营这家店已有20年了。春丽并不是专职在店里工作的，但是除了她以外，她父亲不信任其他任何人。她试着在可以丢下图书馆工作的时候回来帮工，让她的父亲从繁重的工作中喘一口气，譬如今天。

　　春丽站在一排刚熨好的衬衫后面，门铃响起，有一位顾客进了店。几乎同时，她听到父亲从后门走了进来。

　　"先生，有什么我能帮您的吗？"他问道。春丽已经数百次听过父亲问这个问题了。但这次，他的声音里似乎有点害怕。春丽在衬衫旁绕了

一圈,手里捏着一叠需要归档的洗衣票。她抬头一瞥,看见一个穿着长风衣的高大男子拿左轮手枪直指她的父亲,而她父亲正从收银机中拿出现金给那男子。春丽喘着气,站在那里吓呆了。那男子听到了她的声音,抓起钱,转身冲出前门。几秒钟后,阮先生瘫倒在地板上,春丽赶紧过去看她父亲。

"爸爸!爸爸!"她焦急地喊着,但是他似乎没听到她的声音。当另一位客人走进店里,春丽大声冲客人喊道:"快打急救电话!我父亲的心脏病发作了!"

警察和急救人员迅速赶到现场。尽管阮先生和春丽都描述了这个持枪男子的相貌,但他们的描述并不一致,因此警察没有办法确定嫌疑人。现场唯一的证据是一串泥泞的脚印,似乎是运动鞋的花纹。

几个月后,一个叫内德·莱斯特的高大男子在同一街区的便利店徒手打劫。在店员拒绝打开收银机后,莱斯特跑了出去,在几个街区外被警察抓住了。在现场同样也发现了鞋印,但是鞋印的图案似乎是一双皮鞋留下的。警方把嫌疑人的一组照片展示给阮先生和他女儿看,他们不能确定内德·莱斯特就是抢劫他们的人。莱斯特也发誓,自己从没踏足过阮先生的干洗店。

负责调查的警察并没有轻信莱斯特的话。他又看了看鞋印的照片,基于照片里的标尺判断,两组鞋印大小相同。然后他意识到,这两次抢劫的鞋印还有另外一个不可否认的独特的相似之处。

除了鞋码,警察还可以凭借鞋印的什么特征认定内德·莱斯特是两起案子的惯犯?

49

案情名称:
时间的考验

☐ 已结案　　☐ 未结案

答案：见121页

吉尔伯特对自己的创意十分满意，他后退了两步，重新打量并欣赏自己的"作品"。在偷窃的时候，他戴了两副乳胶手套，因此完全没必要担心在不合适的地方留下指纹。即使有证据表明他到过现场，也无需担心，毕竟他就在那里工作。此外还有7名同事、清洁工、快递员，以及无数访客都在现场出现过。他的计划完美无瑕，他的执行天衣无缝。

现代侦探小说博物馆是一个积满了灰尘的老地方，通常只有像吉尔伯特这样的图书管理员才会对它感兴趣。随着收藏书籍业务的发展，它逐渐变得受欢迎。吉尔伯特意识到，博物馆收藏的珍藏本，包括在过去的100年间出版的大部分流行或文学小说，是一座潜在的金矿。特别是这里的安保措施不像银行或更有名的博物馆那样严密。

去年春天，当达希尔·哈米特庆祝其开山之作《马耳他之鹰》出版80周年的时候，吉尔伯特就萌生了盗窃的想法。吉尔伯特意识到，一本《马耳他之鹰》的初版签名本会给他带来和书中那只著名的鸟一样多的钱。一想到能得到丰厚报酬，他就压抑不住脸上的笑容。

或许只是为了好玩，除了《马耳他之鹰》之外，吉尔伯特还顺走了博物馆的《瘦子》和《血腥的收获》。它们没有《马耳他之鹰》那样值钱，但是这三本书能成为一个不错的组合。现在，只要等到拍卖结束，他就会变成一位富翁。

吉尔伯特又一次环顾陈列室，满意地看到自己委托制作的赝品替换了原件（他已经亲手检查过每一张起皱的书页），他关掉灯，关上门，并

用钥匙锁上了门。一回到那辆旧的本田车上,就兴奋地笑了起来。一辆新车!没错,这就是吉尔伯特想要买的第一样东西!这可真是太棒了!

几天后,当警察出现在吉尔伯特家门口时,他真的震惊了。他是怎么被发现的?

50 案情名称: 晶莹剔透

☐ 已结案　　☐ 未结案

答案：见122页

  玛丽·特雷尔在下午5点左右结束了啦啦队的训练，从学校回家。已经很晚了，寒冷的冬天使夜幕降临得过早。她的朋友简本可以捎她一程，但是简已经走了，玛丽没有车可以搭了。保姆将在5点30分离开，玛丽得在她父亲回家前照看弟弟。她奔跑起来，决定走一条穿过森林的捷径。她曾经在那里迷路过一次，但她知道走这条路回家能快一些，所以她还是选择了这条近路。

  现在是十二月初，地面很冷，一层薄冰覆盖在地上。玛丽滑倒了两次。她真希望自己换了宽松的休闲裤回家，但是她走得太急了。现在虽然

腿很疼，不过她心急如焚，还是快步跑进了更深的黑暗中。

保姆辛迪穿着大衣戴着帽子，手里拿着车钥匙，在客厅来回踱步，愤怒地喃喃自语。"玛丽，你在哪呢？"她想，"你就不能准时一点吗？我真是没法相信你居然这么不负责任！"

乔伊正在房间玩电子游戏，辛迪要回家照顾自己的孩子。她甚至想留下乔伊一个人等玛丽，终究还是没有离开，每过一分钟她都更生气一些。

晚上9点，特雷尔先生带着当晚饭的快餐回到家，却撞上怒气冲天的辛迪："从现在起，你必须准时回家，特雷尔先生。"

特雷尔先生打电话给玛丽的朋友找她。当发现没人知道玛丽在哪时，他报了警。到了晚上11点，警察在附近区域搜寻玛丽。森林里的踪迹给出了些许线索，警察发现了玛丽啦啦队队服的少量纤维，但是玛丽本人却完全消失了。

第二年的12月，一个猎人在距离一条山路半英里的地方发现了玛丽冰冷的尸体，她被一条羊毛毯子盖着。这具身体似乎还处在腐烂的早期，除了右腿上的一些划伤，没有什么明显的伤害。随着警方的调查，镇里的人纷纷开始推测玛丽消失的原因。有人认为一年前的那个晚上她迷路了；也有人认为她是被人关在地下室，直到最近才逃出来。

法医发现了一些不寻常的迹象：玛丽的心脏里有一颗巨大的冰晶。死因被判断为是窒息，时间是一年前。

玛丽这段时间在哪?

51 案情名称：只此一个

☐ 已结案　　☐ 未结案

答案：见122页

深夜，环顾四周确认菲利克斯不在后，纳丁在雨中等着车库门打开，然后把车开进去。她不敢下车，锁上车门待在车里。自从在公司的假日派对上纳丁拒绝菲利克斯的约会邀请以来，菲利克斯已经跟踪纳丁一个月了。他在纳丁的办公桌旁徘徊，她去吃午饭时跟着她离开办公楼。上周，菲利克斯跟踪纳丁回家，并把车在她家屋前的街上停了一个小时。纳丁申请了针对菲利克斯的限制令，但是两周过去了，听证会都还没有确定时间。菲利克斯的行为把她吓坏了，她甚至开始害怕自己的影子。

纳丁颤抖着手给哥哥打电话。昨天她告诉了哥哥自己的处境，哥哥感到十分愤怒，想要保护她。

铃声一响，布莱恩接起了电话："嘿，妹妹，怎么了？"

布莱恩的友善热情正是她所期待的。

"我刚到家。你能在我走进家门确认一切都没问题前，和我保持通话吗？"

纳丁知道自己听上去像个十足的傻瓜，一个害怕黑暗中恶魔的笨蛋，但是她实在是控制不住自己。布莱恩没有试着哄她来消除恐惧。

"我大约两分钟就到。你待在那儿别动，我马上过来。"

布莱恩到达后，和纳丁穿过连接车库和房子的门，进入她现代风格装潢的家中。纳丁一走进厨房，一阵寒意就从背后升起："他来过这儿，我能感觉到。"

"我们四处看看吧，"布莱恩说道，带着一个可靠的大哥哥应有的自信。他打开灯，在房子里走动。经过10分钟的观察，他在浴室的玻璃门前站住不动了，双眼平视着玻璃门上的一处痕迹。

"嗯，这不是指纹，但是他们说这也是独一无二的。"他沉默了很久之后说道。

菲利克斯在玻璃门上留下了什么痕迹?

52

案情名称：

不是我的孩子

☐ 已结案　　☐ 未结案

答案：见122页

"我就是个傻子。"迪伦呻吟道，双手抱头，胳膊肘撑在吧台上。他一直坐在那，喝了三个小时的威士忌，现在已经说话含糊，吐字不清了。

"怎么了，伙计？"沃尔特问道。人群已经散去，沃尔特想要调侃一下这个家伙，"我听不懂你在说什么。"

沃尔特知道自己得给迪伦叫一辆出租车，虽然基韦斯特的所有地方步行就能到达，但是迪伦肯定没法自己走回家的。

"我在他还是个婴儿的时候就开始照顾他了，他妈妈发誓他是我的孩子，而她需要帮助，所以我帮了她。现在他17岁了，我朋友告诉我，他妈妈这些年一直在骗我，他根本不是我的儿子！"迪伦说道，举起手中的空杯子。沃尔特又给迪伦倒满了。沃尔特用迪伦之前拿出来放在柜台上的第二张百元大钞支付了酒费，并把多余的钱还给了迪伦。到现在为止，沃尔特已经不指望能拿到多少小费了。估计迪伦会喝完整整100块，甚至更多。

迪伦一饮而尽："你能相信吗？根本不是钱的问题。这是欺骗！"

"你知道，你可以告她欺诈。但是你最好先确定那不是谣言。"沃尔特说，试图给这个家伙提供一点希望。

"你说得对。他看上去确实像我……歪鼻子什么的。我明天去做个血型测试，查清楚他到底是不是我的孩子。"

血型测试能确定迪伦是男孩的父亲吗？

53

案情名称:
木匠

☐ 已结案　　☐ 未结案

答案：见123页

格雷戈里已经厌烦了这一切：阿琳的不断抱怨、她的药、她的鼾声都让他无法入睡。自从阿琳进入更年期，她的哮喘变得更加严重。他们已经结婚34年了，比因谋杀罪而判的无期徒刑时间还要长。他曾承诺过对她的爱至死不渝，但是从来没想过，会被她气死。

"格雷戈里，你在外面吗？"阿琳在厨房里喊道。毫无疑问，她还穿着睡衣。

格雷戈里无视了她。只有当他在车库里一个人干木工活儿的时候，才会得到片刻的平静与安宁。最近，但凡阿琳在家时，格雷戈里做的木工活儿越来越多了，他在工作时把通往房间的门敞开着，这样能听到屋里的声音。

格雷戈里厌倦了每次阿琳喊他时跑来跑去。几分钟后，他把正在用的砂纸放在工作台上，站起来后退一步欣赏自己正在抛光的摇椅，他随意掸了掸牛仔裤上的木屑，木屑掉在了地上。

"我来了，我来了，"格雷戈里一边朝屋里走，一边小声嘟囔着，差点被他自己放在门口的风扇绊倒。

格雷戈里走进房间，脱下鞋子，把外套挂在门旁的挂钩上："怎么了，阿琳？你想要什么？"

但是阿琳没有回答。格雷戈里发现她躺在地板上，皮肤泛青。

阿琳怎么了?

54

案情名称：

为她而坠

☐ 已结案　☐ 未结案

答案：见123页

优胜美地健康徒步旅行团成员站在清晨凉爽的空气中，啜饮咖啡并小声聊天。周围令人惊叹的美景需要的是崇敬，而不是喧闹的玩笑。至少，雪莱是这么想的。又或者其实她们都困了。如果布莱登还赶不到的话，他们会丢下他，先行离开。

"嘿，伙计！你去哪了？"泰勒问道，举起手等着布莱登走过来和他击掌。

布莱登低下了头说："昨晚睡晚了。""好了，"泰勒说道，"我们走吧。"

一群人沿着优胜美地瀑布小道向他们的最终目的地——酋长岩前进。没有人着急前进。雪莱不想让布莱登破坏这次徒步旅行。他总是一副混蛋

的样子,即使是在他们约会时也是如此。没理由他会突然改变。

他们步调一致,布莱登和雪莱走在队伍的最后。

"你为什么不喜欢我?"布莱登问雪莱,好像他不知道原因一样。他身上正散发出酒精的臭味。

布莱登从口袋里拿出个瓶子,往咖啡里加入少许威士忌。他把瓶子递给雪莱,在雪莱拒绝后放回了口袋。

雪莱加快了速度,"不是我不喜欢你……",她在布莱登加速跟上时对他说。她其实很鄙视他,只是不知道如何告诉他才不会引起更大的争论。这时,他们已经到了优胜美地瀑布的崖顶。

"如果有姑娘不喜欢我,我一定能看出来。我有过很多次被人冷漠以对的经历。"布莱登微笑着说道。他没有被骗到。

过了一会儿,其他徒步旅行者转过身来,看见雪莱朝他们跑来,疯狂地挥舞着双手。

"布莱登掉下去了!"她大喊道,"救命!"

两串不祥的脚印朝着悬崖而去。布莱登躺在瀑布下方40英尺处。调查人员发现他的瓶子在悬崖边摇摇欲坠。国家公园管理局的调查和救援队通过直升机进行救援。

当雪莱接受调查时,她告诉调查员布莱登喝了很多酒。

"他看起来似乎有点晕,"她说道,"我没注意到他退得离悬崖边这么近。我朝他大声呼喊,但已经太晚了。"

她哭了起来。

<u>是雪莱的错吗?</u>

55

案情名称：
挖出过去

☐ 已结案　　☐ 未结案

答案：见123页

"很抱歉我们对此无能为力，"博恩斯警官说道，"信和信封上都没有找到指纹。"

"能不能在信封上或邮票下的残留唾液中获取DNA分析的样本呢？"桑迪问道。一定有方法能找到写信人，并获取更多的信息。

"很遗憾，我们的技术还达不到。"博恩斯警官轻声地告诉她。

桑迪从博恩斯警官那里接过信封。"再告诉我一遍他死亡时周围的情况，"博恩斯警官说道，"我可能忽略了什么。"

"在我9岁的时候，父亲外出钓鱼，父亲把这称为他的'独处时间'。直到下午父亲还没有回来，母亲开始担心起来。她带我去父亲经常钓鱼的那个湖边，但是我们没有看见任何父亲或者父亲的船留下的迹象。我还记得走在冰冷的水里，水没过了我的膝盖，我叫喊着他的名字。几天后，救援人员停止了搜索。我们再也没有见过父亲。"

过了这么多年收到的这封信，迫使桑迪重新回想起人生中最艰难的时刻。她曾经试图忘掉关于父亲的那些记忆，尽管还有许多未解之谜，现在这些问题又开始折磨她了。

博恩斯警官又一次大声地朗读了这封信：

亲爱的桑迪，

　　多年来，我一直想写这封信，但是直到现在才鼓起勇气。当我和哥哥发现你父亲的尸体漂浮在湖里时，我还只是个孩子。在你父亲失踪后的一两天，我们在树林里玩，在那里发现

了尸体。当时我们被吓坏了，不知道该怎么办。哥哥比我大一岁，他认为如果我们告诉别人，就会惹上麻烦。哥哥说警察会认为是我们杀了那个人，所以我们把你父亲从水里拉了上来，用树叶和泥土盖住了他，这样就没有人能找到他了。这个可怕的秘密我保守了很多年，但是我不能再瞒着你了。你有权知道关于你父亲的真相，或许现在这会帮助你疗伤。

信上没有签名和回信地址，但是信的剩余部分描述了尸体在哪里。博恩斯警官把信折好，坐了一会，最终开口说道："你要失望了，这个人恐怕是个骗子。"

<u>博恩斯警官是怎么知道的?</u>

56

案情名称：沃尔多去哪了

☐ 已结案　　☐ 未结案

答案：见124页

"我真不敢相信沃尔多已经走了一年了，"梅尔文对埃尔默耳语道，他们正在等待他们的故友的悼念仪式开始。"这一年他的家人一定很难受。"

"是啊，在父亲节那天溺死在湖中可不是我想要的死法。"埃尔默抬头看着在教堂第一排的沃尔多的遗孀和两个成年儿子，他们低着头，正等着其他来悼念的人就座。

"我不敢相信警察居然找不到他的尸体，那是个内陆湖，他们却只能找到一艘无人驾驶的小艇，上面没有任何不对劲的地方。"梅尔文看了看四周，确保没有人能听见他们的谈话，"你知道吗，他欠了一大笔赌债。"

管风琴奏出一首古老的挽歌，牧师让众人起立，和着旋律一起歌唱。沃尔多的一个儿子用胳膊搂住母亲的肩膀，这位悲伤的妇人用手帕擦着眼泪。

埃尔默忍不住扮了个鬼脸，"沃尔多家是不是在他死后一周就失窃了？"

"没错，小偷偷走了所有值钱的东西。他们打开了保险柜，拿走了所有珠宝，甚至还把墙上的古画割了下来带走。"

"我要说的可能听起来像疯话，但是，我觉得沃尔多可能还活着。"

"什么让你有这种想法？"

为什么埃尔默觉得沃尔多还活着？

答　案

01 证据不足

1985年，英国科学家发现，除了同卵双胞胎外，每个人都有独一无二的DNA。但是直到1992年，美国国家研究委员会才认可将DNA检测作为确定犯罪嫌疑人的可靠方法。此后，DNA检测技术正式进入主流司法系统。15年前，当夏因被定罪时，大多数的案件都没有经过常规的DNA检测。因为在那时，DNA检测费用远超出大多数执法部门的预算。在上述案件的情况中，可以对受害者在被咬时所穿的裤子进行唾液检测，由于咬痕是透过裤子产生的，裤子上很可能还遗留有唾液的残存成分。即使已经过了很久，经过特殊处理，还是可以提取到其中的DNA，再与夏因的DNA进行比对。如果DNA不相同，夏因会被无罪释放；如果DNA吻合，那么夏因申明无罪的可信性就会减弱，但也不是完全无效，毕竟，那位遇害人不是被咬死的，而是被刺死的。

02 好邻居

埃德娜·梅·威特科普可以看到哈利躺在地上并且他身边跪着一个人，但是看不清其他的东西，这是因为她从寒冷的室外走进温暖的室内时，眼镜蒙上了一层雾气。她粗重的呼吸和手中冒着热气的馅饼增加了空气的湿度，让雾气变得更重了。在眼镜上的雾气消散之前她什么都看不清，更别提伤害哈利的人的相貌了。

03 双重特征

观众无法通过长相分辨出这两对双胞胎，因此不存在有效的目击证人。兄弟两人手中都握着刀，所以指纹鉴定不能分辨出两人。刀上沾染着两姐妹

的鲜血，而兄弟两人的衣服上各沾有两姐妹中一人的血，但是这条证据不能确定两姐妹中哪一人的血液沾在两兄弟中哪一人的身上。同卵双胞胎的DNA是相同的，所以DNA提供的证据不能分辨双胞胎兄弟中的哪一人伤害了双胞胎姐妹中的哪一个。

04 精神食粮

虽然监控摄像头没有记录到什么有用的信息，但它们能让监控室里的仓库管理员目睹犯罪过程。仓库管理员可以详细地描述出没有蒙面的司机的具体长相。这两名嫌疑人确实被抓到了，但不像伊芙琳想象得那么快。在现场采集到的子弹与附近另一起抢劫案现场发现的子弹相匹配，警察根据仓库管理员的描述逮到了这两名嫌疑人。

05 洒扫庭院

不是的。如果特蕾莎在下午3点查德到来之前已经昏迷了，那么她的手机掉进水里就会停止工作。伊梅尔达在3点15分打电话给她时，在语音信箱启动之前，听到电话响了几声，意味着特蕾莎的手机在3点15分时依然是正常开机的状态，也就是说在查德到来的时候特蕾莎还清醒着。

06 错误印象

哈德森先生在制作假钞的道路上还没混熟时犯的第一个错误是用了重复的序列号，为此，他已经服过刑了。当司机看到50美元上的林肯头像时，就知道哈德森先生又干起了他的老本行。林肯头像是印在5美元钞票上的，而尤利西斯·格兰特头像才是印在50美元钞票上的。哈德森先生用一张5美元真钞

伪造成的50美元假钞，轻轻松松地糊弄过了门童弗兰克。但是不久之后，肯定会有人发现这张假钞并追查到哈德森。

07 烟雾信号

比尔忽然想到，如果邻居是吸入烟雾导致昏迷，那么金丝雀应该早在主人晕倒之前就死了。鸟类对烟雾非常敏感，它们暴露在相对少量的烟雾中时就会死亡。这也是为什么矿工会用金丝雀来监测地下的天然气浓度——当矿工们还没有感觉到天然气泄漏时，金丝雀已经因为暴露在少量天然气中而死亡了。这只鸟在男子卧室中却没有事，男子也没有被烧伤，由此可以判定这个男子在火烧起来之前就被打晕了。

08 悬于一线

大多数便宜的制服都是用100%的聚酯纤维制成的。虽然詹尼弗前夫身着聚酯纤维质地的邮政工人制服，但是这不能够解释詹尼弗厨房中发现的奇怪鞋印。这些纤维实际上还可能来自一件棒球服，而那个奇怪的鞋印是由棒球鞋钉留下的。对方的棒球队因为一个队员没来差点被取消比赛资格，这个人就是投手——乔治·威尔逊——他20分钟后才来到比赛现场。乔治到的时候穿着他的棒球服和棒球鞋——就是这双棒球鞋踩出詹尼弗厨房里那个独一无二的鞋印。他参加比赛迟到了，所以有充足的时间在詹尼弗回来之前进出她的屋子。当被带去审问时，乔治迅速败下阵来，承认自己曾进入詹尼弗的家中盗窃她儿子的幸运棒球手套。当没找到后，偷了一些其他的东西，好让自己没有白来一趟。

09 校园大案

牙釉质是人体中最坚硬的物质，经常被用来协助身份鉴定。法医通过将牙印图案与残留在相对坚硬的食物表面（比如奶酪或苹果）的牙印相比对，识别潜在的嫌疑人。学生们很可能在校医院留下过牙科记录。警察要做的就是把食物上的牙印和学生们的牙印记录进行比对。只要能找到一个参加派对的学生，剩下的也就被锁定了。一周以后，警察逮捕了一名21岁的学生，由此牵出他的三个好兄弟。他们四人都曾在维罗妮卡的课上被判不及格，所以采取这种对他们来说最自然的方式进行报复。

10 法定继承人

方法是有的。虽然奥利维亚心存疑虑，但是她确实可以通过将她的母系线粒体DNA和哈维的DNA进行比较来找到答案。母系线粒体DNA是遗传的，并且在母系遗传中可以保持几个世纪不变。它十分顽强，会在尸体和骨骼残骸中保存很长一段时间，可以在全身所有的细胞、牙髓，甚至在不含有普通DNA的毛发中被找到。如果祖母和那位著名的女演员是母系亲属的话，那么从他们的后代（无论男女，甚至无论生死）的毛发中提取的母系DNA可以做一个比对确认关系。经过一番游说，奥利维亚从哈维那里取得了头发样本，然后和自己的DNA进行了比对，结果是匹配的。也就是说，弗吉尼亚·海恩斯和奥利维亚确实是远房亲戚。

11 家族成员

克拉克警官错了。人类的眼睛可以是任意颜色。"一对都是棕色眼睛的

夫妇只能生下棕色眼睛的孩子"这句话是缺乏科学依据的。这取决于历史因素和所讨论的这个人其祖先眼睛的颜色。随着过去几百年的种族融合，人类后代的眼睛几乎可以是任何颜色。只有基因研究和DNA检测可以回答关于祖先是谁的问题。如果连环杀手仅凭眼睛颜色来清除冒名顶替者，那么他就搞砸了，因为他杀害了自己家族的人。

12　舒适的冰窟

所有的法医学理论都基于罗卡交换定律，该定律表明，一个人与另一人、场所或者物体的每次接触，都会导致物质交换。有时，这些物质就是极小的微量物证。但是在这起案件中，警察找到了清楚的、肉眼可见的白色毛发。毛发的角质层，即外表面上的鳞片有三种基本的形式，人类的头发鳞片呈卷曲或扁平状，啮齿动物毛发的鳞片呈冠状或镶嵌状，猫的毛发鳞片呈刺状或三角形。当警察发现白色毛发的鳞片是刺状时，就知道这大概率是猫的毛发，而不是人的头发。然后，他们把这些毛发与当地动物救助站的流浪猫进行比对。那个报童就在那里当志愿者。当警察在他床底下的一个鞋盒里找到路易丝的传家宝后，男孩承认了他的罪行。

13　重量级证据

当像爱德华兹先生这样的器官捐献者死后，他们的眼睛和其他一些器官将由当地器官库进行采集保管。琼突然想起来的是，器官库也会保存所有捐献者的血样和冷冻血清，以备将来需要移植这些器官的人比对用。因此，她可以在当地器官库获得爱德华兹先生的血样，通过全部正常程序重新检测，获得可信证据证明他当时确实喝醉了。

14 醉酒之谜

肇事司机生气的原因很可能是输了一局台球。如果不是喝得烂醉如泥，一个当地的台球冠军输掉一场台球比赛虽然不是不可能，但也是不寻常的。律师希望利用这一点来增加己方的胜算。如果酒保能看清台球桌，在这间小酒吧里也应该能看出他在运动技能、反应时间和判断力上的差异。这些都可以作为他醉酒程度的证据。

15 尖锐的现实

医生发现的是伏特加酒瓶的玻璃碎片。大多数刀伤都是深度大于宽度，而罗根胸部的伤口和小刀的刀刃不吻合。当巴德冲向罗根时，罗根和伏特加酒瓶都摔在了地上。罗根在地上翻滚的过程中撞到了一大块锯齿状的玻璃碎片，玻璃的尖端扎进了他的胸口，因此才会血流不止。

16 遗嘱难题

因为这封推荐信是在三年前写的，那时亨德里克斯博士还没有患脑卒中，所以这不能用来证明遗嘱是伪造的。在经历像脑卒中这种使人衰弱的疾病后，一个人的笔迹会发生明显的变化。推荐信和遗嘱的笔迹不同不能作为伪造遗嘱的证据。笔迹专家会将亨德里克斯博士在脑卒中后手稿样本中的每个字的笔画、线条、字迹边缘以及格式特点，与手写遗嘱来进行对比来确定。

17 遍体鳞伤

像苏珊脸上的淤伤成挫伤，是由于毛细血管被击打破裂造成的。淤伤在

最初几天是紫色的，然后会在四五天内逐渐消退，变淡为绿色、棕色，最终变成黄色。如果苏珊像她自己所说的那样是在星期二撞伤的，那么在星期天时淤伤就应该不是紫色的了。她必定是在过去几天内被人打伤。曾经家暴过她的丈夫是最有可能的施暴者。

18 便利店窃案

菲利普说的不是真话。阿尔弗雷德先生从没提到被偷的东西是什么。尽管阿尔弗雷德先生可能还需要更多证据来坐实对菲利浦犯罪事实的指控，但除非菲利普或者他的朋友是小偷，否则他应该不知道被偷的是垃圾食品。肢体语言可以表明某人在撒谎。除了常见的紧张、躲避眼神接触、出汗等表现以外，侦探还会寻找一些小动作，如皱鼻子，嘴角向下弯曲，用手抚摸面部、喉咙或嘴唇，用手摸鼻子或耳后等来佐证嫌疑人的不诚实。

19 双胞胎案件

虽然同卵双胞胎确实有相同的DNA，但是每个人都有自己独立的指纹。尽管目击者无法区分这对双胞胎，但是通过啤酒瓶上的指纹，警方还是能确定究竟是谁最后出现在了沙滩上。

20 看客的智慧

不管是什么伤口，血液都会在离开身体的几分钟内凝固。当血液从受害者的嘴中流出时，围观的看客就知道，他还没死，因为死人是不会流血的。人死后，心脏停止跳动，血液不再循环。

21 精心挑选

　　珍妮从图书馆的书中发现了氰化物的资料，因为氰化物中毒很少见，所以人们很少会对此怀疑。另外，氰化物中毒的症状也和正常的衰老或心脏疾病类似，最终受害者通常因心力衰竭而死亡。氰化氢是一种无色气体，有一点微弱的苦杏仁味。大约有40%的人因为缺乏相关必要的基因而无法闻到氰化物的气味。

22 呼吸课

　　大量的烟灰和一氧化碳中毒说明他们吸入了过量烟气。当建筑物着火时，烟雾和其他有毒气体会从上而下灌满整座建筑。这就是为什么烟雾报警器要装在天花板上。当曼尼和科瑞恩午夜听到火警时，一定是从床上起身，尝试跑出房间。如果他们被浓烟吞没时一直在地上匍匐前进，就不会平躺在地板上，而是会呈现某种膝盖着地的姿态。平躺说明他们只跑了几步就因烟雾中毒倒下了。相反，如果他们能直接从床上滚到地板上，那里的空气毒性较小，或许能爬到安全的地方。

23 贤内助

　　法医认定妮蒂死于脑部动脉瘤破裂或脑卒中，因为强烈、持续的疼痛是脑卒中典型症状之一。而且妮蒂有吸烟习惯，这会增加脑动脉瘤的风险。

24 硬心肠的女人

　　米奇和玛丽安共同造成了史蒂夫的心搏骤停，但他们都不是有意的。史

蒂夫因胸壁受撞击而导致心跳停止。敲打心脏部位是个危险的行为，在短时间内两次同类行为足以使史蒂夫心脏衰竭。

25 孤立事件

老汤米是在风暴中被雷击倒。他的错误在于站在金属晾衣架旁边，可能被雷击中时正握着晾衣绳。他背上红色树状痕迹是被雷击的一种标志，尽管并非每次雷击都会留下这种痕迹。这种痕迹叫利希腾贝格图，是在1777年以德国物理学家利希滕贝格的名字命名的。

26 家丑

埃斯知道他的父亲对乳胶过敏，而"强盗医生"作案时戴着乳胶手套。对乳胶过敏的人在穿戴乳胶制品后的12到36小时内皮肤上会出现肿块、伤口、溃疡等症状。埃斯拜访他父亲时距离新闻报道已经过去了18个小时。

27 布巴的鲜鱼

短吻鳄杀死大型猎物的方法是把猎物拖到水下溺死，再撕成大块吞下去。这条手臂是被平整地切断而不是撕裂的，所以它一定是被刀或其他锋利的工具切断的，而绝不是被鳄鱼牙齿咬断的。此外，如果布巴是在钓石斑鱼，那他很可能是在咸水中钓的（石斑鱼大多生活在咸水中），短吻鳄很少会出现在咸水水域。

28 惊愕失声

玛吉在亚利桑那州的高温下已经严重脱水。她的鼻膜极度干燥，导致鼻

子结痂、开裂和出血。这解释了她脸上血迹的由来。在排除了谋杀的可能性之后，法医认为玛吉因暴露在极度高温环境而中暑，又因肥胖和酗酒，最终导致其死亡。

29 麻烦的家伙

不。如果扎克是自杀，自杀的枪会掉在地上，和其他现场物证一起被现场技侦人员发现，但现场没有找到。扎克是被谋杀的。

30 神秘的失踪

没人杀拉森先生。拉森先生伙同妻子伪造了他的死亡以骗取保险。他们认为海上犯罪很少被报道，更很少有被调查和侦破的。不幸的是，船长意识到如果有人亲眼看到拉森夫人喝了那么多酒，她就不可能真的患有糖尿病，因为糖尿病患者过度饮酒会陷入昏迷。那么冰箱里有什么呢？因为没有人能在失血4升的情况下存活下来，所以拉森长期抽取自己的血液冷藏起来，把它放在号称装有拉森夫人胰岛素的冰箱里，带上了船。然后用这些血作为谋杀证据。拉森先生一定还活着，他乔装隐蔽，等着在下一个港口偷偷溜下船。

31 假遗嘱

头发分析不仅能确认头发的主人接触某些药物的情况，还能提供接触药物的时间线。随着毛发的生长，毛囊细胞发生变化。这些变化在生长的毛发中表现出来。头发每个月会生长半英寸左右，所以毒理学家可以像读取时间线一样从末梢到根部"读取"头发。通过这种方法，专家们能判断卡什夫人是否长期接触吗啡，是否真的上瘾。对卡什夫人的头发进行分析后发现她并

没有滥用吗啡。经过数小时的审讯，查里蒂医生承认给卡什夫人和其他几个病人注射了过量的吗啡，然后在遗嘱上伪造了她的签名，想得到她所有的遗产。至于那些似乎支持医生说法的医疗记录是查里蒂医生在受害者死后伪造的，并且把时间改到了她去世前。在电脑上，这样的调整很容易完成，但他忘了电脑配备有一个内部时钟，可以核实输入的确切日期和时间，由此轻而易举地证明他在撒谎。

32 疑点

警察怀疑嫌疑人是约翰捐献骨髓的受益者，很可能是一个患有血液病的亲戚。接受骨髓移植者的DNA样本中会含有自己和捐赠者的DNA。约翰·奥尔在监狱里服刑，不可能是当事人，但他如果将自己的骨髓捐献给了真正的罪犯，那么他的DNA也传给了罪犯。警方检查医院的记录发现，约翰三年前曾向他兄弟捐献过骨髓。袭击朱迪的人是约翰的兄弟。在这个案例中，指纹证据比DNA证据更可靠。

33 棘手的情况

不能。掌纹不会被保存在储存指纹的各种数据库中。罪犯在被捕后通常不会被记录掌纹，哪怕是需要记录指纹、调查关系和执照的工作也不需要掌纹。如果警方在调查后找到了嫌疑人，可以通过比对来确定他的掌纹，但仅仅一个掌纹，无论多么不寻常，都不能帮助警方识别嫌疑人。

34 致命全垒打

不是。法医证实，亚伦的前臂骨折是防御伤，这说明亚伦曾试图自卫，

所以埃米特并不是像他说的那样只打了一下亚伦的头部。

35　翁婿之间

　　格拉尼特刚到现场，除了从女仆那里获知卡斯帕被谋杀了之外，他没有任何关于卡斯帕死因的消息来源。格拉尼特看不到卡斯帕的尸体，麦考伊医生和福尔摩斯讨论卡斯帕可能是自杀时他也不在场。格拉尼特知道卡斯帕死于枪杀的唯一可能是他之前见过尸体，但根据他的不在场证明，他并没有机会见到。

36　抢劫疑云

　　受害者的身上有因阻闭口鼻扼杀法死亡的痕迹。"阻闭口鼻扼杀法"这个词可以追溯到1829年，体格魁梧的杀人犯威廉·伯克在爱丁堡被绞死。根据凶手爱德华·黑尔的招供，在黑尔令受害者窒息时，同谋伯克坐在受害者身上，最后两人把尸体卖给了医学院。这位政客上唇周围的发红区域有可能是在毛巾或枕头之类的东西上摩擦而造成的，背部的瘀伤和胸部的两处痕迹表明有人压在他身上防止他的肺扩张吸入空气，眼部点状出血或毛细血管破裂通常是由窒息引起的。

37　消失的女孩

　　西姆斯法医可以通过DNA检测确认血液属于比萨女孩，根据受害者体型估计她体内的血量。由于调查探员在地毯下发现了2000毫升的被害人血液，西姆斯法医作证，人在失去如此大量血液的情况下，很难存活。

38 白昼的余晖

如果汉克发现的骨头确实是青少年的，那么很容易确定死者的年龄。儿童的骨骼和牙齿遵循一个可预测的生长模式，这可以帮助专家们更容易地确定年龄。但是通过孩子的骨骼判断性别通常更具挑战性，因为骨骼上的性别标识要到青春期之后才会出现。在这种特殊情况下，法医将首先从骨骼的外观收集尽可能多的信息，创建出受害者的侧写。然后根据他们的侧写，将从骨头中提取到的DNA样本，与符合该侧写的可能受害者的父母进行比较。

39 随时间磨损的鞋

植物材料对法医来说非常有用。因为某些植物只在特定地方生长，它们能够有效地帮助警察建立嫌疑人和犯罪现场之间的联系。在拉尔夫·丹尼斯的案件中，犯罪现场远在加利福尼亚州，嫌疑人表示他从未去过那里，可是在他鞋底泥土样本中发现的特定类型的松针是加利福尼亚州大果松的松针。这种松树是加利福尼亚州特有的，仅在内华达山脉的低海拔地区以及加利福尼亚州的沿海地区生长，因此丹尼斯先生说他从未去过加利福尼亚州一定是在撒谎。加上化验员会进一步比对丹尼斯先生鞋底的土壤样本与他在20世纪70年代出逃的圣巴巴拉市家中的土壤样本，更能证明丹尼斯先生在这件事上说了谎。事实表明，为了在家人的忌日重返犯罪现场，丹尼斯先生最近伪造了一次出差。玛丽恩和罗西所在当地的报纸终于有大新闻可写了。

40 电影也疯狂

在观看电影的过程中，玛莎成了盗窃案的受害者。约翰的确照他所说一

直在盯着玛莎。玛莎把外套和手提包放在她和约翰之间的座位上。当她沉浸在电影中时，约翰从她的钱包里偷走了信用卡和驾照。玛莎意识到丢卡后，立刻就去挂失补办，但损失已经造成了。约翰以玛莎的名义办了新卡，开了新的账户，贷了款，留下一大堆未付的账单，毁坏了玛莎和丈夫两人的信用。

41 酒后驾驶

呼气式酒精浓度测试是基于几个假设来估计血液中酒精浓度的。其中一项假设是被测者体温为正常体温37摄氏度。高于正常体温会造成对实际血液酒精浓度的高估。律师成功地争辩道，安德鲁在烈日下工作了大半天后，体温升高，有可能使得血液酒精浓度测试的结果偏高。因此，警方失去了本来令人信服的酒精浓度测试结果这一证据。

42 爱很奇怪

亚历克斯不是杀害简的凶手。在现场和验尸时都没有发现异常情况。那么，是谁杀害了简呢？事实上，是简的剧烈运动引发了致命的心脏病。简红色的指甲床、苍白的皮肤，以及运动过后不规则的心跳，都是未被发现的心脏病的证据。简的心率出现了致命的变化。

43 午后爱情

信上的字迹向左倾斜，似乎是一个左撇子写的。凶器是在伊莱恩的左侧发现的，这说明凶手很可能用左手击打了她。伊莱恩右手拿着抹刀，表明她

是一个右撇子，所以警官认定这封信不是伊莱恩写的。

44 伤口边缘

如果埃德·莫里斯的刀就是刺伤琳达的凶器，这把刀的护手就会在被刺伤口周围的皮肤上留下一个标志性的印记。由于琳达伤口两边的挫伤在大小和形状上都与埃德·莫里斯的刀的护手明显相似，警方可以据此确定这把刀就是凶器。

45 蒂凡妮偷盗案

在南希的提议下，救生员找到了婚礼摄影师，查看摄影师拍摄的照片，发现之前蒂凡妮正坐在落水男子的腿上，直到女子抢走了他的狗。落水男子用家里的文件证明蒂凡妮的所有权，包括购买证明和兽医账单。这些都证明了他才是蒂凡妮真正的主人。像蒂凡妮这样的约克夏犬是非常昂贵的宠物，经常被报失窃。

46 伊甸园里的烦恼

他们的酒店房卡被一个狡猾的酒店职员以哈罗德和露西的名义进行了一系列的身份盗窃。这种看起来像信用卡的房卡，背面的磁条上植有信息。这些信息可以在自动提款机和其他信用卡刷卡机上读取。酒店房卡磁条上的信息类型虽然在获取时各不相同，但都包含了家庭住址和信用卡信息等个人信息，并且直到下一位客人登记入住时需要在卡上录入新房客的信息，酒店才会删除卡上之前一位客人的信息。由于偷窃发生时哈罗德和露西身处游轮

上，因此成为容易下手的目标。

47 通往天堂的公路

贝蒂说的不是实话。如果她不知道后面有一辆车，当然更不会知道后面的驾驶员是一名男子。然而她说："我不知道有男子驾车跟在我的后面。"让她的故事更不可信的是，负鼠是夜行动物，不可能在中午外出。贝蒂对那个在她后面追7英里的司机感到非常生气，她决定以一种不同寻常的方式给对方一个小教训，让他明白这有多么危险。不幸的是，贝蒂将为自己的行为付出代价。

48 偷来的一瞥

两张鞋印照片上鞋底的磨损模式完全吻合。每个人对鞋子的磨损各不相同，这取决于他们走路时在哪里施加的压力最大。如果内德·莱斯特走路时脚后跟用力，将会反映在他的鞋子留下的鞋印的形状和纹理上。他打劫时可能穿了两双不同的鞋子，但是都留下了相同的特征。

49 时间的考验

吉尔伯特在计划和执行盗窃古籍的过程中十分仔细且有创意，但这些似乎都没有什么价值，因为他犯了一个大错误。当他亲手逐页检查委托制作的赝品时，无意中在书上留下了他的指纹。这个指纹可能不能说明吉尔伯特有罪，但它是鉴定员发现的唯一指纹，这表明它要么是伪造者留下的，要么是小偷留下的。不管怎样，吉尔伯特是嫌疑人。当博物馆的员工被要求提交指

纹以排除嫌疑时，吉尔伯特的指纹样本就暴露了他。

50 晶莹剔透

冰晶在死因的调查中至关重要。尸体在寒冷的环境中会从外向内结冰，玛丽心脏的冰晶说明她只有内部被冻住。水在结冰时体积会膨胀，大尺寸的冰晶说明她是慢慢被冻住并且最近才解冻的。尸体刚开始腐烂且没有明显伤痕，说明玛丽在被绑架且窒息后，被放在了冷库中。

51 只此一个

布莱恩双眼平视关闭的浴室门，那个高度可能留下的是菲利克斯脏兮兮的耳印。就在几个小时前，菲利克斯闯入这里，把耳朵贴在浴室门上听纳丁是否在洗澡。当发现她不在时，就跑了出去。布莱恩和纳丁给警方看了耳印，但是警察怀疑这难以作为确认是菲利克斯的证据。人耳作为鉴定依据的唯一性还存在争议，尽管人类的耳朵互不相同，但是专家可能无法通过观察耳朵外部的大致结构来区分两只不同的耳朵。如果耳印上缺少可以辨识的特殊标志，比如痣、裂口、伤疤或者不寻常的形状，菲利克斯就不会被起诉。

52 不是我的孩子

不能。尽管有时候血型的确能确定某人不是孩子的亲生父亲，但它没法像DNA检测那样比对特定的父亲和特定的孩子。举个例子，如果迪伦的儿子是O型血，而迪伦是AB型血，那么血型检测可以确定他不是孩子的父亲。但是如果迪伦是A型血，他是不是孩子父亲取决于他是否有隐性的O型基因。但即使他是AO基因的A型血，有同样血型的其他男子也有可能是孩子的父亲。

孩子的DNA包含了父母的DNA片段，专家可以通过确认孩子的DNA图谱中是否包含特定父母的基因片段来判定亲子关系。如果迪伦孩子的某个DNA片段不能在迪伦和孩子亲生母亲的基因里找到，那么迪伦就不是孩子的亲生父亲。

53 木匠

阿琳的哮喘发作了，格雷戈里做木工活儿时开着门，门口又放着风扇，砂纸抛光的木屑吹进了屋里，诱发了阿琳的哮喘。

54 为她而坠

是的，两串脚印都是朝着悬崖边而去的，布莱登不可能像雪莱描述的那样背朝后掉下悬崖。当他们单独相处时，布莱登在悬崖边拉住了雪莱。雪莱挣脱，并一把推开了他。布莱登失去平衡，从悬崖边掉了下去。尽管这是场意外，雪莱担心自己被指控谋杀，因此对警察撒了谎。

55 挖出过去

溺水者的尸体会因为尸体分解时产生气体而漂浮起来，但是水温对气体产生的速度有着很大的影响。

在比较温暖的水域，尸体可能会在几天到一周后漂浮起来，而在比较寒冷的水域，可能需要数周到数月的时间。桑迪形容水时用到了"冰冷"一词。在冰冷的水里，她父亲的尸体不会像写信人所说的那样在一两天后就漂浮在水面上被人发现。很显然，写信人在如何找到尸体上撒谎了。但是写信

人确实指示警方在湖边找到了尸体的确切位置,他很有可能就是凶手。

56 沃尔多去哪了

　　沃尔多如果溺死在内陆湖中,他的尸体应该在一段时间后漂浮起来,但是人们用一年时间都没有找到。真正引人怀疑的是那次入室盗窃。埃尔默不能不猜测是沃尔多自己雇人"偷走"自己的财产来保障自己"死后"的生活。因为小偷知道沃尔多家所有值钱的东西放在哪里,甚至包括墙上的古画。

作者介绍

M. 黛安娜·福格特（M. Diane Vogt），屡获殊荣的国际畅销书作家，曾从事法律工作，后转行写小说。

60-Second Brain Teasers:

Crime Puzzles:

Short Forensic Mysteries to Challenge Your Inner Amateur Detective

By M. Diane Vogt

Copyright © 2020 by Quarto Publishing Group USA Inc.

Text Copyright © 2005 by Fair Winds Press

First Published in 2020 by Fair Winds Press, an imprint of The Quarto Group

Interior Illustration and Layout by Landers Miller Design

Chinese Simplyfied Character Copyright © 2024 by

Shanghai Scientific & Technology Education Publishing House

Published by agreement with Quarto Publishing Group USA Inc.

ALL RIGHTS RESERVED

上海科技教育出版社业经 Quarto Publishing Group USA Inc.授权取得本书中文简体字版权